Originalausgabe

Erdlingsrechte

© 2023 Mathias Bellmann
Herstellung und Verlag: BoD – Books on
Demand, Norderstedt
ISBN: 9783752644142

Inhaltsverzeichnis

1. Einleitung

Wir leben nicht auf einer gerechten Erde. Wäre es so, dann bräuchte ich das hier nicht zu schreiben. Stattdessen könnte ich mich einfach zurücklehnen und den Weltfrieden genießen. Leider leben wir auf einer Erde voller Kriege, politisch verfeindeter Blöcke und zu vielen Hungersnöten.

Ungerechtigkeit, Diskriminierung und Gewalt sind vielerorts die Regel. Zahllose Krisen und Katastrophen überziehen den gesamten Erdball und bestimmen unsere Leben. Doch all das müsste nicht so sein! Denn für jede Krise gibt es eine Lösung. Deshalb schreibe ich das hier: Ich bin überzeugt, es ist möglich, eine bessere Welt aufzubauen. Ich glaube, dass es möglich ist, die Probleme der Erde dauerhaft zu lösen.

In uns Menschen steckt grenzenloses Potential. Wir müssen anfangen, es zu nutzen. Lasst uns damit beginnen, von einer Welt zu träumen, in der jedes Lebewesen glücklich lebt! Warum träumen wir nicht diesen Traum, der größer ist als alle moralischen Träume, die Menschen bisher geträumt haben? Wir sind Menschen: Unsere Eigenart ist es zu träumen. Wir sind davon getrieben, unseren Träumen zu folgen. Warum träumen wir nicht von einer Erde im vollkommenen Frieden, die frei von Gewalt ist?

Unsere Erde braucht eine wirklich große Vision, die uns inspiriert und antreibt. Unsere Erde braucht einen Traum, der uns zu den größtmöglichen Anstrengungen motiviert. Die Erdlingsrechte sind eine solche Vision. Die ER sind der Traum, für den es sich lohnt, alles zu geben! Deshalb brauchen wir die ER. Selbst wenn sie jetzt noch ein ferner Traum sind: Sie sind die Vision, die uns in eine bessere Zukunft führt. Sie sind der Traum, der diesen Planeten in ein Paradies verwandeln wird!

Ich habe gewagt zu träumen. In meinem Geist flog ich über die Erde. Ich erträumte mir eine heile Welt, in der wir alle sicher und glücklich leben. Mein Traum muss kein Traum bleiben! Unser aller Träume müssen keine Träume bleiben. Der Traum vom Fliegen hat bewiesen, dass es möglich ist, Träume wahr zu machen.

Tausende Jahre träumten wir Menschen davon zu fliegen. Generationen haben es versucht und sind gescheitert. Für lange Zeit schien der Traum vom Fliegen unerreichbar. Doch dann kamen einige Mutige und machten ihn wahr. Sie haben das wahr gemacht, was als unmöglich galt. Heute können wir alle fliegen, weil diese Träumer* bereit waren, ihren Traum zum Leben zu erwecken. Sie haben sich von nichts aufhalten lassen. Sie haben die Zweifler*innen ignoriert und die Hindernisse überwunden, bis ihr Traum lebendig geworden ist.

Es muss möglich sein, den Weltfrieden wahr zu machen und allgemeine Erdlingsrechte zu garantieren. Daran dürfen wir niemals zweifeln. Schweigt deshalb nicht länger! Träumt den Traum der ER und tragt ihn in die Welt, bis ihn jede:r kennt. Denn gemeinsam können wir die Welt besser machen. Wir haben die Macht, eine bessere Zukunft zu erschaffen!

Wir sind Menschen und wir sind verbunden durch unsere Sprache. Ich schreibe das hier und verbinde uns durch diese Worte. Sie sind unsere Brücke. Deshalb folgt meinem Beispiel und macht endlich die richtigen Themen zu euren Alltagsgesprächen: Der laut ausgesprochene Traum von den ER bringt uns ihnen näher. Indem wir über die ER reden, machen wir sie wahrscheinlicher. Denn unsere Sprache besitzt großes Potential. In ihr ruht grenzenlose Energie. Sie hat die Macht, die Welt zu verändern.

In den letzten Jahrhunderten haben wir Lösungen für Probleme gefunden, von denen Menschen geglaubt hatten, dass sie unlösbar wären. Wir haben sogar Lösungen für Probleme gefunden, von denen wir nicht mal wussten, dass wir sie hatten. Das führt uns zu der Schlussfolgerung, dass es möglich sein muss, alle Hindernisse aufzulösen, die zwischen uns und den ER stehen.

Wir müssen es uns bewusst machen: Die Erdlingsrechte müssen praktisch realisierbar sein! Es muss Wege geben, um die allgemeinen ER global für jedes Lebewesen zu garantieren. Nur weil wir jetzt noch nicht wissen, wie wir die ER realisieren können, bedeutet das nicht, dass es nicht eines Tages möglich sein wird. Dinge werden dann möglich, wenn wir nach und nach alles lernen, um sie möglich zu machen. Das war immer so und wird immer so bleiben.

Es gibt immer noch Zweifler*innen, die nicht begreifen, wie wichtig die ER für den Planeten sind. Doch sie sind wahrscheinlich die Idee, die uns wirklich in eine bessere Zukunft führen kann. Sie sind womöglich die Zielgerade zum Paradies auf Erden. Aktuell brauchen wir sie ganz besonders, denn unsere Welt steht wiedermal vor einem Abgrund und wird von immer neuen Krisen erschüttert: Unsere ganze Gesellschaft steht derzeit vor einer tiefen Klippe und droht hinabzustürzen!

Zwei Weltkriege haben den Planeten verwüstet. De facto beherrschen uns noch immer autoritäre Cliquen. Derzeit bilden sie neue Blöcke, die sich an verschiedensten Fronten bekriegen oder vielmehr die Menschen dazu zwingen, sich in ihrem Namen zu bekriegen. Das Neue in unserer Zeit ist der Klimawandel. Er ist dabei zu einer fundamentalen Bedrohungen für die Menschheit zu werden. Unsere Wirtschaft und unreflektierte Lebensweise haben die ökologischen Kreisläufe so sehr gestört, dass sie beginnen zu kollabieren.

Und die Schere zwischen arm und reich öffnet sich immer weiter. Wir sägen derzeit den Ast ab, auf dem wir sitzen. Wir heben unser eigenes Grab aus. Diese Idiotie muss stoppen!

Ich wünsche mir so sehr, dass wir es endlich schaffen, alle unsere Probleme zu lösen. Ich glaube sogar, dass das möglich ist. Doch wenn wir uns nicht ändern, dann werden wir sie nie lösen und sie stattdessen sogar noch größer machen. Denn um zu verhindern, dass die alten Probleme immer wieder kommen, müssen wir uns tief drin in uns ändern. Sonst werden wir unbewusst die alten Probleme und Katastrophen immer wieder erschaffen.

Sowohl die zahlreichen Kriege als auch die derzeitige Klimakrise sind menschengemachte Krisen. Deshalb müssen wir uns endlich ändern. Wir sollten schnellstens lernen, mit der Welt besser umzugehen. Dazu müssen wir uns weiterentwickeln. Die Erdlingsrechte können die Basis sein, auf der wir eine bessere Welt aufbauen. Wir sind es, die diese Basis schaffen können, indem wir selbst zu besseren Menschen werden.

Warum sollte ein Leben wertvoller sein als ein anderes? Warum kann nicht jedes Lebewesen unveräußerliche Rechte, wie das Recht auf Leben und Unversehrtheit besitzen? Es muss möglich sein. Ehrlich gesagt, klingt es gut, daran zu glauben. Ich verspreche euch sogar, dass es euch glücklich machen wird, wenn ihr daran glaubt. Dennoch gibt es Leute, die das Gegenteil behaupten. Sie meinen Narzissmus und Habgier wären ein besserer Weg.

Oft behaupten sie, allwissend zu sein. Denn sie glauben zu wissen, dass manches Leben weniger Wert ist. Aber das können sie nicht! Niemand ist allwissend. Ich nicht und keiner von ihnen. Doch wenn ihr drüber nachdenkt, dann müsst ihr einsehen, dass jedes Leben wertvoll sein könnte. Selbst das kleinste Lebewesen könnte in sich das Potential tragen, das zur Rettung vieler Leben führt. Deshalb kann niemand behaupten, dass ein Leben wertvoller ist als ein anderes. Das wäre dumm und herzlos. Jedes Leben ist wertvoll und deshalb müssen wir es schützen. Selbst wenn wir jetzt noch nicht allen Lebewesen genug Schutz bieten können, so müssen wir doch danach streben, es eines Tages tun zu können.

Manchen Menschen wird das Ziel zu ambitioniert erscheinen, für alle Erdlinge nach fairen Rechten zu streben. Aber wir Menschen müssen träumen und wir brauchen große Visionen, die uns antreiben. Die Erdlingsrechte sind eine solche Vision. Die ER können der große, globale Traum werden, der uns vereint. Die ER sind die Vision, die es wert ist, von allen kommenden Generationen ohne Reue gelebt zu werden.

Vielleicht ist das Ziel, für alle Erdlinge nach einem sicheren Leben zu streben, noch Jahrhunderte davon entfernt, Wirklichkeit zu werden. Doch das darf uns nicht davon abhalten, davon zu träumen. Denn es lohnt sich zu träumen! Wir müssen sogar davon träumen, wie es wäre, wenn irgendwann alle Erdlinge faire und gleiche ER erhalten. Denn nur dieser Traum gibt dem Ganzen hier einen Sinn. Denn die Gewalt, die Kriege und Probleme da draußen lassen uns verzweifeln, wenn wir keinen Traum haben, der uns genug Kraft gibt, weiter in die Zukunft zu schreiten.

Falls wir es nicht sofort schaffen, dann lasst uns mit kleineren Schritten starten. Wir können uns den ER in mehreren Etappen nähern. Als erstem Etappenziel beginnen wir erst mal mit einer kleineren Gruppe für die wir die ER wahr machen. Sobald wir es für die Gruppe geschafft haben, können wir den nächsten Schritt gehen. Nach und nach weiten wir so die ER über den ganzen Planeten aus.

Nach und nach setzen wir Schritt für Schritt, bis wir am Ziel sind. Das klingt natürlich einfach, aber genau so funktioniert Entwicklung. Es gibt ein Ziel und man nähert sich ihm Schritt für Schritt. So ist es auch mit den ER. Wir nähern uns ihnen Schritt für Schritt. Wie es das alte Zitat sagt: Wenn du nicht fliegen kannst, dann renne; wenn du nicht rennen kannst, dann gehe; wenn du nicht gehen kannst, dann krieche. Was auch immer du tust, du musst weitermachen.

Wir Menschen sind extrem intelligente Lebewesen. Doch was wäre der Beweis für höhere Intelligenz, wenn nicht das Streben danach, allen Lebewesen ein gutes Leben zu schenken? Ich frage mich ernsthaft, womit sich sonst überlegene Intelligenz beweisen ließe, wenn nicht durch die Fähigkeit Wege zu entwickeln, die das Leiden aller Lebewesen verringern. Ein eindeutiger Beweis unserer höheren Intelligenz wäre, dass wir es schaffen, allen die Chance zu geben, wirklich glücklich zu werden.

Was wäre sonst der Zweck höherer Intelligenz wenn nicht der, die Probleme zu lösen, bevor sie entstehen? Letztendlich ist Intelligenz nichts anderes, als unsere Fähigkeit Probleme zu lösen. Denn wahre Intelligenz beweist sich darin, dass sie in der Lage ist, entstandene Probleme zu lösen. Lasst uns also unsere hohe Intelligenz beweisen, indem wir allen Kindern der Erde ein glückliches Leben ermöglichen.

Die Frage ist: Besitzt Intelligenz die Macht, das Leiden aller Wesen aufzuheben? Kann durch intelligentes Handeln garantiert werden, allen ein sicheres Leben zu ermöglichen? Wir sollten uns das wirklich fragen: Ist Intelligenz in der Lage, die Welt so umzugestalten, dass das möglich ist? Meiner Meinung nach kann die Antwort nur ja sein.

Unsere Intelligenz muss soweit entwickelbar sein, um die ER allen Erdlingen garantieren zu können. Bisher ist unsere individuelle und kollektive Intelligenz unübersehbar noch nicht dazu im Stande. Also müssen wir sie endlich weiterentwickeln. Die konsequente Steigerung unserer Intelligenz wird somit zur notwendigen Voraussetzung für die Erdlingsrechte. In den letzten Jahrhunderten haben wir unsere kollektive Intelligenz um ein Vielfaches gesteigert. Auch der durchschnittliche Mensch ist heute kognitiv deutlich intelligenter als vor zwei-, dreihundert Jahren. Wir müssen diese Entwicklungsrichtung konsequent weitergehen.

Ich bin überzeugt, dass der Hauptzweck der Intelligenz darin besteht, Probleme zu lösen. Meiner Meinung nach ist sie aus diesem Grund entstanden. Es gibt einfache und komplexe Probleme. Es ist leichter einfache Probleme zu lösen als komplexere. Doch die Hindernisse, die uns bei der Verwirklichung der ER im Weg stehen sind extrem komplex, facettenreich und vielschichtig.

Wir brauchen Lösungen und Pläne, die es uns ermöglichen, den ER näher zu kommen. Eine Universallösung wird es nicht geben. Wir werden auf viele Teilprobleme treffen, für die wir viele Teillösungen finden müssen. Wir werden Problemen begegnen, die unsere bisherigen Fähigkeiten übersteigen und uns alle Kraftreserven kosten werden. Doch das darf uns nicht aufhalten! Wir müssen immer weiter nach Lösungen suchen.

Manche Lösungen sind vollkommen, andere sind partiell und unvollkommen. In der jüngsten Vergangenheit haben wir leider oft Lösungen entwickelt, die dann wiederum zu vielen Folgeprobleme führten. Der Grund, das unsere Lösungen noch nicht komplett waren, ist unsere noch nicht weit genug entwickelte Intelligenz. Um die ER zu realisieren, müssen wir deshalb unsere Intelligenz und unsere Fähigkeiten steigern. Das wird die Basis für die ER. Die technische Entwicklung der letzten Jahrzehnte beweist, wie viel kreatives Potential in uns steckt. Ich glaube, dass wir zu mehr fähig sind, als wir uns bisher zugetraut haben.

Ich glaube, wir Menschen haben schon sehr viel erreicht. Ich bin überzeugt: Unsere technische und soziale Reife ist bereits dazu fähig, allen Menschen und vielen Tierarten der Erde ein sicheres und gut versorgtes Leben zu garantieren. Wir könnten unsere Gesellschaft so organisieren, dass sie alle Menschen und viele Tierarten mit allem lebensnotwendigen versorgen würde.

Das ist natürlich nur eine Hypothese. Denn wenn wir uns unsere heutige Welt angucken, sehen wir nichts davon. Was wir sehen, ist schrecklich. Menschen und Tiere leiden. In Wahrheit ist der Schmerz und das Leid da draußen erschreckend groß. Doch die Lebewesen müssten nicht leiden. Sie müssten es deshalb nicht, weil wir Menschen schon genug Wissen und Ressourcen besitzen, um ihnen Sicherheit und Wohlstand zu garantieren.

Klar geht es nicht alles auf einmal. Anfangs scheint es deshalb sogar akzeptabel, wenn wir uns zuerst darauf konzentrieren, alle Menschen sicher und wohlhabend zu machen. Doch nicht Mal das haben wir bisher geschafft. Nur woran liegt das? Ich persönlich glaube, dass wir es deshalb noch nicht geschafft haben, weil wir uns nur auf uns selbst konzentrieren und den Rest der Welt übersehen.

Vielleicht liegt unsere Rettung darin, dass wir versuchen, auch die anderen Spezies zu retten. Denn wir sind auf dieser Erde nicht allein. Es gibt zahllose andere Spezies und wir sind mit ihnen verbunden. Diese Erkenntnis kann der Schlüssel zu unser aller Rettung sein. Denn es geht nur gemeinsam. Nur als Gemeinschaft können wir das Potential entwickeln, um alle unsere Probleme zu lösen. Nur zusammen können wir eine bessere Welt aufbauen!

Viele Jahrtausende lang haben wir Menschen gegeneinander gekämpft. Dann wurden sie endlich aufgeschrieben: die allgemeinen Menschenrechte. Das war einer der wichtigsten Schritte unserer menschlichen Geschichte. Tatsächlich hätte das viel früher geschehen müssen. Wir Menschen haben viel zu lange gewartet, bevor wir begonnen haben, die allgemeinen Menschenrechte zu proklamieren. Jetzt beginnt endlich die Zeit, in der wir die allgemeinen Erdlingsrechte ausrufen können. Hiermit sind sie niedergeschrieben. Es ist jetzt möglich, sie zu proklamieren.

Bei den Menschenrechten hat es über hundert Jahre gedauert, bis die Mehrheit anfing, wirklich zu begreifen, dass wir sie brauchen. Lasst uns bei den ER bitte nicht so lange warten! Wir brauchen die Menschenrechte für den Frieden und die Sicherheit jedes einzelnen Menschen. Aus demselben Grund brauchen wir die ER.

Entwicklung findet immerzu statt. Diese Erde rast in eine bestimmte Richtung. Wir können jetzt auf den Weg einschwenken, an dessen Ende Frieden und Gerechtigkeit für alle Erdlinge wahr werden. Denn wir entwickeln uns sowieso. Entwicklung kann in die eine oder andere Richtung geschehen. Doch wenn wir unsere Entwicklung nicht bewusst steuern, dann entwickeln wir uns in die falsche Richtung. Deshalb rufe ich euch dazu auf, euch aktiv für die ER einzusetzen. Denn nur wenn wir bewusst handeln, können wir es schaffen, dass unser zukünftiges Leben besser wird.

Damit wir uns weiterentwickeln, müssen wir uns bewusst anstrengen. Wir müssen unsere Entwicklung in eine bewusste Richtung lenken. Lasst uns unsere zukünftige Entwicklung auf die Verwirklichung der ER auszurichten! Das wird unseren Leben einen tieferen Sinn geben und das wird zukünftigen Generationen Frieden, Freiheit und Wohlstand bringen!

Versagen und Scheitern sind normal und unausweichlich. Auch auf dem Weg der ER kann es passieren, dass wir scheitern. Doch ob wir gewinnen oder verlieren, finden wir nur heraus, wenn wir loslegen. Denn wir verlieren nur wirklich, wenn wir es nicht probieren. Die einzig wahre Niederlage besteht nur darin, es nicht probiert zu haben. Jede andere Niederlage ist nur eine Lektion, nach der es mit mehr Erfahrung weitergeht.

Manche könnten sagen, dass es gar nicht möglich ist, für alle Lebewesen ein sicheres und glückliches Leben zu schaffen. Aber wer weiß das schon? Was möglich ist, finden wir nur heraus, wenn wir es ausprobieren. Das ist wie beim Fliegen: Jahrtausende haben die Zweifler* gesagt, es geht nicht. Doch Mutige haben sie ignoriert und sich getraut. Viele von ihnen scheiterten, haben sich verletzt oder sind dabei gestorben. Doch dann kamen die, die es geschafft haben und heute können wir alle ins Flugzeug steigen und durch die Luft fliegen. Möglicherweise werden wir wegen ihnen auch bald zu anderen Planeten fliegen können.

Wir leben auf der Erde als Erdlinge. Der Begriff des Erdlings ist noch nackt und unbelastet. Wir haben in den letzten Jahrhunderten viele ähnliche Begriffe verwendet, wie den Begriff des Kosmopoliten oder Weltenbürgers. Sie wurden missbraucht und sind nun negativ belastet. Es ist wichtig, den Missbrauch des Begriffs Erdling von vornherein zu verhindern! Ich sage es mit Nachdruck: Verhindert das Fanatiker*innen und Verschwörungstheoretiker*innen den Begriff an sich reißen und ihn missbrauchen!

Die Erde ist unsere Heimat und alle, die wir auf ihr leben sind Erdlinge. Das ist ein Fakt. Das ist die reine und nackte Bedeutung des Begriffs

Erdling! Erdlinge sind alle Kinder der Erde und die Erdlingsrechte beziehen sich auf alle Kinder der Erde. Es klingt so einfach und ist so einfach. Macht es nicht kompliziert.

Das Gute ist, sobald die ER wahr geworden sind, wären auch die Menschenrechte wahr. Denn die Menschenrechte sind ein Teil der Erdlingsrechte. Diese Erkenntnis ist sehr bedeutend, denn sie bedeutet, dass jede Anstrengung die MR zu realisieren, uns auch den realisierten ER näherbringt.

Es war einer der größten Schritte in der Menschheitsgeschichte, die allgemeingültigen Menschenrechte zu proklamieren. Etwas ethisch gleichwertiges hat es in der gesamten Menschheitsgeschichte zuvor nicht gegeben. Sobald wir das begreifen, muss uns klar werden, dass die Erdlingsrechte ein noch viel größerer Schritt in der Menschheitsgeschichte sein werden. Deshalb lohnt es sich, jetzt die ER auszurufen. Proklamieren wir die ER, wie wir zuvor die MR proklamiert haben und leiten wir damit ein neues Zeitalter ein!

Träume können wahr werden. Der alte Traum vom Fliegen ist auch Wirklichkeit geworden. Heilungen für Krankheiten, die als unheilbar galten, wurden gefunden. Rechte für soziale Gruppen, die Jahrhunderte lang unterdrückt worden sind, wurden niedergeschrieben und akribisch arbeiten viele Menschen daran, sie praktisch umzusetzen. Von solchen positiven Träumen, die wahr geworden sind oder dabei sind wahr zu werden, gibt es noch unzählige mehr.

Jetzt tritt der Traum der Erdlingsrechte in unser kollektives Bewusstsein. Noch ist er fern und wirkt unerreichbar. Aber stellen wir uns einen griechischen Philosophen der Antike vor, der davon träumte, zum Mond zu fliegen. Damals war das unerreichbar. Doch mittlerweile sind Menschen zum Mond geflogen. Es hat über zweitausend Jahre gedauert. Doch dann ist es wahr geworden!

Muss es auch solange dauern, bis die ER wahr werden? Niemand kann das vorhersehen. Vielleicht wird es so lange dauern oder es wird schneller gehen. Wer weiß das schon? Nur die

Zukunft kennt die Antwort. Entscheidend ist, dass wir endlich anfangen zu handeln. Wir müssen mit ganzem Herzen nach den ER streben. Wir müssen damit beginnen, die ER lebendig zu machen!

Wie lange wird die Menschheit diesmal brauchen, bis sie kollektiv einsieht, dass es Zeit ist für ein größeres moralisches Ziel? Denn was hält uns zusammen, wenn nicht unsere Tugenden und Werte? Was sonst gibt uns Menschen die Kraft zu hoffen, wenn nicht der Traum von einer ethisch besseren Welt? Du bist angesprochen; genauso wie alle anderen auch! Du bist aufgefordert; genauso wie alle anderen auch, den Schritt in ein besseres Zeitalter zu setzen!

Trotz aller Rückschläge (etwa dem 2. Weltkrieg) zeigen die letzten Jahrhunderte eine eindeutige ethische Entwicklungsrichtung. Desto älter unsere Spezies wird; desto mehr wir uns miteinander vernetzen und über unseren kleinen Tellerrand hinausschauen, desto mehr verstehen wir den Wert ethischen Verhaltens. Das beweist den hohen Wert unserer Spezies: Wir sind dazu in der Lage besser zu werden. Also sind wir auch dazu in der Lage, die Welt zu verbessern.

Gesetz und Recht gelten seit dem Altertum als Meilensteine zunehmender Gerechtigkeit. Die ersten Gesetzestexte muten noch recht blutig und brutal an. Das war sicher durch die Blutrünstigkeit der damaligen Zeit bedingt; doch sie stellen trotz ihrer Härte den Versuch dar, größere Gewalt zu verhindern. Irgendwann haben unsere Vorfahren den Autokraten* erste Mitspracherechte abgerungen. Von da an begann eine unaufhaltsame Entwicklung, die mit dem legendären Paragraphen der MR endete: Alle Menschen sind frei und gleich an Würde und Rechten geboren.

Der erste, goldene Sonnenstrahl einer neuen Zeit erscheint am Horizont. In dieser neuen Zeit heißt es: Alle Erdlinge sind frei und gleich an Würde und Rechten geboren. Seid ihr bereit diesen Schritt zu gehen? Seid ihr bereit für ein besseres Zeitalter oder wollt ihr wie die herzlosen Ewiggestrigen sein, die selbst heute noch die allgemeinen Menschenrechte nicht akzeptieren wollen?

Selbst das größte Abenteuer beginnt mit dem ersten Schritt. Bist du bereit dafür? Die größten Erfinder*innen waren jene, die ihre Träume wahrmachten: Machst du den Traum der Erdlingsrechte wahr? Ein besseres Zeitalter wartet auf dich! Denn hier und jetzt ist der richtige Moment, um in eine bessere Welt zu starten.

2. Ist-Zustand

Unsere Erde ist, wie sie ist, doch sie war nicht immer so. Sie unterliegt einem permanenten Wandel. Besonders in den letzten beiden Jahrhunderten hat der Wandel der Welt eine Geschwindigkeit aufgenommen, die einmalig in der Erdgeschichte ist. Grund dafür ist die menschliche Intelligenz. Denn sie ist die erste Kraft des Planeten, die bewusst ihre Umwelt gestaltet.

Unsere menschliche Intelligenz ist nachweislich die erste, irdische Macht, der es gelungen ist, bewusst das Aussehen der Erde zu gestalten. Das klingt positiv. Denn darin liegt sehr viel heilsames Potential. Doch die Realität ist leider ernüchternd, denn unsere falsch eingesetzte Intelligenz verursacht sehr viele Katastrophen. Kriege und Klimawandel sind nur die zwei Prominentesten, die wir Menschen verursacht haben. Es gibt noch viele mehr, die wir erzeugen. Ehrlich gesagt, sind es zu viele, als dass wir sie in kürzester Zeit lösen könnten.

Die menschliche Intelligenz ist nach der Entstehung des Lebens der zweitwichtigste Entwicklungsschritt unserer Erdgeschichte. Denn in ihr ruht die Kraft, den Ist-Zustand bewusst zu verändern. Wir Menschen können durch geplantes, reflektiertes Handeln unsere Umwelt gestalten. Wir können so Probleme lösen, die vorher unlösbar waren. Genau von dieser Fähigkeit glaube ich, dass sie die Macht hat, die Erdlingsrechte wahr zu machen.

Wir haben so viele Planeten mit unseren Teleskopen entdeckt. Manche besuchen wir bereits mit unseren Maschinen. Nirgends darauf haben wir bisher Leben gefunden, obwohl wir es akribisch gesucht haben. Gleichzeitig verspielen wir auf der Erde die Chance, jedes Leben dieses Planeten zu schützen. Wir verspielen die Möglichkeit, jedem Leben dieses Planeten eine faire Chance zu geben. Warum tun wir das? Wir Menschen sind so klug. Wir besitzen so viel Potential und könnten so viel Gutes tun. Warum nutzen wir unsere Fähigkeiten so wenig? Wann fangen wir an, unsere Kräfte ganz für das Gute einzusetzen?

Die heutige Welt steht vor einem tiefen, dunklen Abgrund. Sie droht zu zerreißen. Auf der einen Seite tickt die Uhr des Klimawandels unaufhörlich weiter. Mit jedem weiteren Tag, der verstreicht, kommt der Kollaps des Ökosystems näher. Er wäre eine globale Katastrophe. Auf der anderen Seite verschärfen sich die militärischen Spannungen zwischen den entstandenen Weltblöcken immer mehr. Schauen wir auf diese Weltlage, dann haben wir zwei Möglichkeiten, um darauf zu reagieren.

Wir könnten auf der einen Seite einfach resignieren und den Kopf in den Sand stecken. Das hieße, die schlechten Zukunftsaussichten zu akzeptieren und zu versuchen, irgendwie damit klar zu kommen. Das klingt ziemlich traurig. Diese Wahl wird zwangsläufig Depressionen und viele andere Neurosen hervorrufen. Noch weniger werden wir so die Probleme lösen.

Andererseits könnten wir versuchen, aktiv etwas positives zu tun. Wir können uns dafür engagieren, eine bessere Welt aufzubauen. Das klingt besser: Ich persönlich halte diesen Weg für den einzig richtigen. Ich bin auch davon überzeugt, dass wir alle Ressourcen besitzen, um unsere Probleme zu lösen. Doch wir müssen daran glauben. Denn das wird uns die Kraft geben, zu starten.

Wenn wir den aktiven und positiven Weg wählen, dann beginnen wir damit, Pläne zu entwickeln, mit denen wir unsere Probleme lösen können. Als nächstes versuchen wir dann unsere Pläne in die Tat umzusetzen. Es ist wahrscheinlich, dass sie nicht auf Anhieb funktionieren werden. Doch das bedeutet nur, dass wir wieder einen Schritt zurückgehen müssen, um zu reflektieren. Mit den neu gewonnenen Erkenntnissen entwickeln wir dann neue und bessere Pläne.

Oberflächlich betrachtet, sind das die beiden Wege, zwischen denen wir wählen können. Damit stehen wir vor der Wahl. Jedem, der/ die einen gesunden Verstand besitzt, müssen wir klar machen, dass nur der zweite Weg sinnvoll ist. Denn er beruht auf der Einsicht, dass wir unsere Probleme lösen können. Er beinhaltet den Glauben an unser menschliches Potential. Er beinhaltet die Überzeugung in unsere Macht, die Erde wirklich verbessern zu können.

Diese Erkenntnis ist essenziell. Sie ist beim Blick auf die Welt sehr entscheidend. Denn sie gibt uns Hoffnung. Denn was wir auf der Erde vielerorts sehen, ist grauenvoll. Es wäre leicht daran zu verzweifeln. Deshalb brauchen wir eine Quelle, aus der wir Hoffnung schöpfen können. Wir müssen an uns glauben!

Der Planet ist übersät mit Krisenherden. Unsere ineffizienten Wirtschaftssysteme zerstören die ökologischen Grundlagen und destabilisieren ganze Staaten. Außerdem verursachen sie enorme Ernährungsprobleme und erschaffen unnötige Ungleichheiten. Zudem treiben viele gewalttätige und extremistische Ideologien und Religionen ihr Unwesen und stacheln die Menschen dazu an, sich zu bekämpfen. Mit ihren hasserfüllten Theorien säen sie Angst und Zwietracht.

Gleichzeitig gibt es neben diesen schlimmen Dingen viele Lichtblicke. Im Besonderen meine ich all die guten Herzen da draußen. Denn es werden immer mehr Menschen, die begreifen, dass wir etwas tun müssen und dass wir etwas tun können. Diese Menschen beginnen zum Wohl für eine bessere Welt aktiv zu werden. Sie sind auch die Säule der zukünftigen Erdlingsrechte. Sie sind das Fundament einer besseren Welt.

Ein zweiter Lichtblick ist unsere technische Entwicklung. Wir verfügen heute über die technische Kapazität, mit der wir allen Menschen ein friedliches, sicheres und gut versorgtes Leben garantieren könnten. Der Grund, weshalb wir es bisher noch nicht geschafft haben, liegt übrigens nicht in der Technik selbst. Sondern der Grund ist der fehlerhafte Einsatz unserer Technologien und ihr Missbrauch durch autokratische Führercliquen. Letztere nutzen sie vorsätzlich, um Menschen zu schaden.

Das Wesen unserer Erde ist der ständige Wandel. Wenig sieht noch so aus wie vor hundert Jahren. In nochmal hundert Jahren wird es wieder ganz anders aussehen als heute. Das ist das Gesetz der Zeit. Dieses Gesetz bedingt auch unsere menschliche Augenblicklichkeit. Denn wir sind immer nur hier und jetzt. Ausschließlich von diesem Augenblick aus können wir etwas tun. Dazu müssen wir die Welt ganz genau analysieren. Deshalb schauen wir uns jeden Aspekt ganz genau an und erkennen, wie er ist.

Als nächstes schauen wir tiefer und finden die Ursachen heraus, welche die heutige Realität erschaffen haben. Wir werfen auch einen Blick auf die Ursachen, die die Zukunft in ihrer komplexen Vielfältigkeit formen werden. Erst wenn wir diese drei Ebenen genau untersucht haben, gewinnen wir ein ungefähres Bild vom Dasein der Realität. Erst dieses Bild versetzt uns in die Lage, die Welt aktiv und reflektiert gestalten zu können.

Wenn wir die Welt analysieren, müssen wir die verschiedenen Ebenen detailliert betrachten. Unsere Umwelt ist nicht eindimensional. Sie konstituiert sich durch viele, komplexe Netze, die hier nicht alle erwähnt werden können. Sie bedingen unser Zusammenleben und formen die Welt, wie sie uns erscheint.

Primär sind es die politischen, wirtschaftlichen und militärischen Dimensionen, die die Welt konstituieren. Diese bestimmen besonders von der Makroperspektive aus gesehen, wie unsere Welt funktioniert. Außerdem gibt es viele andere Dimensionen wie die sportlichen, musikalischen und künstlerischen Bereiche, die die Welt prägen. Auch sie sind maßgebend für unser Zusammenleben. Daneben gibt es noch viele weitere Dimensionen und Blickwinkel.

Unsere Welt ist noch weit entfernt von einem Zustand realisierter Erdlingsrechte. Genauso wenig sind die Menschenrechte bereits überall wahr geworden. Zu viele Menschen werden weltweit verfolgt, bedroht und diskriminiert.

Grund dafür sind meist politische und religiöse Systeme. Aber auch wirtschaftliche Ausbeutung ist eine der Ursachen für das Leiden vieler Menschen.

Es sind ganz bestimmte Weltanschauungen, die verhindern, dass die MR und ER realisiert werden können. Im Großen lassen sich diese unter Begriffen wie Faschismus, Kommunismus, Aristokratie, Fundamentalismus, Oligarchie und Militärjunta subsumieren. Klar passen auch Bezeichnungen wir Stratokratie, Kleptokratie oder Autokratie. Gemeint sind alle Systeme, die auf brutale Gewalt und Unterdrückung setzen. Zunehmend steigt auch das Risiko, dass Technokratien zu einer Gefahr für die Menschen werden.

Das Kennzeichen dieser Systeme ist die strenge, unüberwindbare Hierarchie zwischen Herrscher und Beherrschten. Die Art der „Herrscher" kann ganz unterschiedlich sein. Mal ist es ein Einzelner, mal eine Gruppe, mal eine Partei oder ein Überwachungsapparat. Für die Beherrschten macht das jedoch keinen großen Unterschied. Denn in allen Formen werden sie ihrer grundlegenden Rechte beraubt, zu denen besonders Wahl- und Meinungsfreiheit zählen.

Eine wesentliche Erkenntnis für die ER ist, dass es politische und soziale Systeme gibt, die für die praktische Umsetzung der ER als auch MR förderlich sind, als auch solche die dafür hinderlich sind. Soziale Systeme, die auf dem Unterschied von Herrscher* und Beherrschten beruhen, werden sich gegen die ER als auch MR wehren, denn sie widersprechen eindeutig deren Vorstellungen. Denn die ER und MR fordern immer gleiche Rechte und Freiheiten. Doch das löst den Unterschied zwischen Herrscher und Beherrschten auf.

Viele Systeme verhindern eine gerechtere Welt. Ihr Wesen beruht darauf den Status der Ungleichheit und Unfreiheit dauerhaft aufrecht zu erhalten. Solange solche Systeme herrschen, ist es nicht nur ausgeschlossen, dass der Grad der MR und ER zunimmt. Sondern wir müssen davon ausgehen, dass diese Herrschaftssysteme grundsätzlich danach streben, zu verhindern, dass ER, MR, Frieden und Gerechtigkeit wahr werden.

Frieden ist das absolute Ziel sowohl der MR als auch der ER. Denn Frieden ist die Grundlage für Gerechtigkeit, Freiheit und Wohlstand. Alle Systeme und Staaten, die dieses Ziel nicht anstreben, sind Gegner der Idee von den MR und den ER. Das ist die nackte Wahrheit. Natürlich verfolgen wir mit der Erklärung der allgemeinen Erdlingsrechte das Ziel, alle Feindschaften aufzuheben. Doch das heißt nicht, dass wir uns naiv verhalten und so tun, als hätten wir auf der aktuellen Weltbühne keine Gegner!

Es gibt Kräfte, die für eine friedlichere und heilere Welt arbeiten. Und es gibt Kräfte, die darauf hinarbeiten, dass wir uns nicht vereinen und gemeinsam zusammen setzen, um unsere Probleme zu lösen. Sie arbeiten daran, unüberbrückbare Gegensätze zu schaffen. Diese Kräfte schaffen Räume, in denen Ausbeutung, Diskriminierung, Gewalt und Unterdrückung weiterexistieren können. Aktiv arbeiten sie dafür, dass es auf unserer Erde immer schlechter wird. Damit bedrohen sie die ganze Welt.

Nur wenn wir exakt sind, werden wir alle Gegner des Friedens und der Freiheit finden. Nur wenn wir genau hingucken, werden wir die Kräfte und Bewegungen identifizieren können, die einer natürlichen Entwicklung der MR und ER entgegenstehen. Dazu müssen wir mit offenen Augen sehen lernen und eine weise Geisteshaltung entwickeln. Denn es hat Ursachen, dass die Welt noch nicht besser ist. Diese Ursache müssen wir finden und beenden!

Es ist eine gewagte Hypothese: Haben wir die Menschenrechte noch nicht erreicht, weil sie bisher unser ethisches Maximalziel waren? Ich meine, sie erscheinen wie das Finale und die Menschen wundern sich nicht, dass es noch nicht erreicht ist. Aber wenn sie auf dem Weg zu den Erdlingsrechten nur ein Zwischenschritt sind, erscheinen sie nicht mehr als das Finale sondern als eine Etappe. Dadurch wirken sie viel leichter zu erreichen und erscheinen auch wahrscheinlicher.

Wir dürfen die MR und ER niemals als Gegensätze betrachten, solange nicht mindestens die MR für alle Menschen gewährt werden können. Klar könnte danach die Diskussion entstehen, dass es ausreicht, die MR realisiert zu haben. Eine Diskussion, die gefährlich wäre, da der Glaube, dass wir nach den MR stoppen könnten und nicht auch noch die ER wahrmachen müssten, zu einer Destabilisierung der MR führen würde. Aber ausgehend von unserer heutigen Position streben wir gleichermaßen nach den MR und den ER. Denn sie liegen in derselben politischen, technischen, ökonomischen und sozialen Richtung.

Falls du/ihr wissen wollt, wie die Welt wirklich ist: Geht raus und schaut sie euch an! Aber schaut genau hin. Lasst euch nicht vom schönen Äußeren blenden. Schaut hinter die Fassaden! Guckt euch die Wahrheit an und nicht das, was sich als Wahrheit verkaufen will. Es gibt viele schillernde Einkaufstempel. Das Make-up mancher Frauen scheint Tonnen zu wiegen und viele Männer verstecken sich hinter den Lenkrädern großer Autos. Wenn ihr glaubt, diese Äußerlichkeiten sind die wahre Welt, dann braucht ihr nichts mehr tun. Denn wenn ihr nur dem Schein glaubt, dann wäre diese Welt bereits das Paradies.

Doch der Schein trügt! All diese schönen Fassaden versperren den Blick auf die Wahrheit. Sie sind eine Lüge. Hinter ihnen liegen tiefe Abgründe. Wir können diese dunklen Abgründe mit Wörtern wie Ausbeutung, Manipulation, Zwang, Diskriminierung und Entrechtung beschreiben. All das schöne Äußere ist nicht wirklich so, wie es erscheint. Es lässt nicht einmal ansatzweise erahnen, wie viel Leid hinter diesem äußeren Schein verborgen liegt. Auch nicht mit intellektuellen Worthüllen lässt sich das unendliche Leid jemals erfassen.

Nehmen wir das schöne Kleid aus der Pariser Edelboutique. Erkennst du die magersüchtigen Models darin, die sich oft auch für gute Jobs prostituieren müssen oder sich zu Tode hungern? Erkennst du die Qual der Tiere in der teuren Lederjacke? Fühlst du den Schmerz der jungen Frau, die einige der Stücke in einer dunklen Fabrikhalle zusammen mit dutzenden Leidensgenossinnen genäht hat: zwölf Stunden pro Tag ohne echte Pause?

Die Welt, wie sie ist, ist scheiße. Denn sie erzeugt unnötigerweise Leid für Milliarden Menschen und Billionen Tiere. Dieses Leid zu beenden; eben weil es künstlich erschaffen und unnötig ist, ist das erklärte Ziel der ER. Denn warum sollten wir weiter untätig zusehen, wie künstlich Leid erzeugt wird und sinnlos Erdlinge gequält werden?

Wir können weiter den Blick auf die einzelnen Erdlinge werfen und ich fordere dich auf, raus in die Welt zu gehen und dir ihr Leiden mit eigenen Augen anzusehen. Doch wir können es auch aus der Makroperspektive betrachten, wie wir es schon früher getan haben. Dazu benutzen wir große Wörter wie Rassismus, Sexismus, Speziesismus, Ableismus und Ageismus. Die Probleme der Welt lassen sich auch in Wörtern wie Faschismus, Kommunismus, Monarchie, Fundamentalismus, Oligarchie und Diktatur zusammenfassen. All diese Schlagworte zeigen den Umfang künstlich, erschaffener Probleme, die zwischen uns und einer gerechten Welt stehen.

Natürlich gibt es auch andere Phänomene, die überall auf der Welt für Elend sorgen. Ganz vorne steht die soziale Ausbeutung. Lebewesen werden unter Vorspiegelung falscher Gründe zu Arbeiten gezwungen, die ihre Gesundheit schädigen und sie ihrer Freiheit berauben. Hierarchie ist ein weiteres Phänomen, das weltweit seit Jahrtausenden Gewalt, Elend und Krieg erzeugt.

Ein Beispiel woran unser Problem besonders deutlich wird, ist das globale Müllproblem. Aktuell ist der Plastikmüll zu einem globalen Problem geworden, der gleichsam das Leben von Menschen, Tieren und Pflanzen gefährdet. Auf höchst kriminelle Art und Weise überfluten die reicheren Länder die ärmeren Regionen mit Plastik. Doch dieser Müll gelangt zurück in die natürlichen Kreisläufe und gelangt dann in Form von Mikroplastik zurück in die Nahrung der Kinder der reicheren Ländern und schädigt so deren Gesundheit.

Eben las ich einen Augenzeugenbericht über ein deutsches KZ. 150 Kinder, kaum eines dieser Kinder war älter als zehn Jahre, wurden von einigen Nazi-Aufseherinnen gebeten sich fürs Duschen auszuziehen. Während sich die Kinder auszogen, spielten einige von ihnen mit einem roten Ball. Am Rand saß ein kaum zweijähriges Kind, dass zu jung war, um mitzuspielen. Als die Kinder sich ausgezogen und ihre Kleidung fein zusammengelegt hatten, befahlen ihnen die Aufseherinnen in die „Duschen" zu gehen. Das kleine Kind wurde von einer Aufseherin in die Dusche getragen, weil seine Beine noch nicht stark genug waren, um selber zu gehen. In der Dusche erwartete sie giftiges Gas und jedes der 150 Kinder starb an diesem Tag qualvoll.

Diese traurige Geschichte zeigt uns das Bild unserer Menschenwelt. Solche Verbrechen lassen sich in allen Zeiten der letzten tausend Jahre nachweisen. Manche sind weniger grausam, andere noch deutlich grausamer. Wahrscheinlich geschehen ähnlich schlimme Dinge auch gerade jetzt, während ich diese Zeilen schreibe. Deshalb ist es notwendig, dass wir etwas tun. Deshalb ist es Zeit für eine bessere Welt. Deshalb ist es Zeit für die Erdlingsrechte.

Die Gräuel müssen enden und die Gräuel können enden. Die Geschichte belehrt uns nicht nur über die begangenen Verbrechen. Sie belehrt uns auch über Frieden, Versöhnung und Einsicht. Es gibt so viele Beispiele dafür, dass Menschen ihren Hass überwunden haben. Länder, die einst von fanatischem Rassismus regiert wurden, haben diese Wahn aufgegeben und sich entschlossen eine bessere Gesellschaft aufzubauen, in der alle Menschen gleichwertig und gleichrangig sind.

Es gibt einen Zusammenhang zwischen der Gewalt gegen Tiere und der Gewalt gegen Menschen. Gewalt ist ein Phänomen, das nicht zwischen den Spezies plötzlich halt macht. Bei einem Besuch eines deutschen KZs habe ich erfahren, dass diese Vernichtungslager bewusst nach den Mustern der Schlachtbetriebe für Tiere entworfen wurden. Auch außerhalb dieser Extremfälle lassen sich viele Beispiele finden, wo eindeutig klar wird, dass die Gewalt gegen Tiere zur Gewalt gegen Menschen ausartet.

Jedes Lebewesen, das gerade da draußen lebt, wünscht sich zu leben. Jeder Erdling, der gerade jetzt auf dieser Erde lebt, will leben. Das gilt für alle Erdlinge, die waren und alle, die sein werden. Es gilt für alles bewusste Leben, das noch kommen wird. Es gilt für dich und jede:n, den du kennst. Das ist die Wahrheit allen Lebens auf Erden!

Unsere Welt ist ein extrem komplexes Netz verschiedener Kreisläufe. Wir können sie auch als einen großen Kreislauf verstehen, der sich in viele kleinere Kreisläufe unterteilt. Die Erde ist ein Kreislauf, der allerdings nicht losgelöst vom kosmischen Kreislauf unseres Sonnensystems existiert und dieser wiederum existiert nicht losgelöst von unserer Galaxie. Ebenso ist mein Leben ein Kreislauf, der nicht losgelöst von den anderen Menschen existiert.

Wir Menschen sind als Spezies auf einem Planeten gestartet, auf dem es seit Milliarden Jahren Leben gibt. Das gesamte Leben, welches vor unserer Spezies lebte, hat seine Spuren in den Kreisläufen der Erde hinterlassen. Diese Spuren sind nicht immer sofort sichtbar. Doch sie sind da. So wie es aussieht, sind wir die erste irdische Spezies, die „höhere" Intelligenz (d.h.

selbstreflexives, planvolles, problemlösendes Denken und Handeln) entwickelt hat. Das ist unser großer Vorteil. Das erlaubt uns Entwicklungen gezielt einzuleiten, um zu ethisch, höheren Gesellschaftszuständen zu gelangen. Gleichzeitig werden wir bedingt durch komplexe, viele Milliarden Jahre alte Kreisläufe, die von Lebewesen geprägt worden sind, die nicht intelligent handelten. Zusätzlich bestimmen uns die Kreisläufe anderer nicht-intelligenter Lebensformen, die derzeit mit uns die Erde teilen. Auch die technischen Kreisläufe prägen uns.

Den ER geht es dezidiert darum, auch nicht-intelligentem Leben vollen Schutz und Fürsorge durch Gesetze zukommen zu lassen. Jedoch messen wir der Intelligenz ein Potential zu langfristigem, moralischem Handeln zu, welches vor- oder nicht-intelligente Lebewesen eben noch nicht besitzen. Dass diese Intelligenz missbraucht werden kann, zeigen die zahlreichen Kriege und Schlachthäuser. Jedoch ändern diese negativen Seiten nichts an ihrem gigantischen Potential: Intelligenz kann die Welt besser machen!

Was wir einsehen müssen, wenn wir auf unsere Welt schauen, ist der Scheideweg, auf dem wir uns befinden. Wir können den Weg zu einer freien und wirklich gerechten Welt wählen oder wir können in eine Welt des Missbrauchs, der Überwachung und Gewalt schlittern. Das Einzigartige an unserer Zeit ist, dass wir derzeit wirklich die Wahl haben. Ich glaube, diese Möglichkeit gab es noch nie zuvor. Zum Einen sind unsere maschinellen, digitalen und soziokulturellen Techniken endlich dafür weit genug entwickelt. Auf der anderen Seite sind diese Techniken noch nicht totalitär genug in die Richtung entwickelt, in der sie einfach zur totalen Kontrolle missbraucht werden können.

Ein zweiter Grund ist die geistige Offenheit, die gerade und noch immer mehrheitlich auf der Erde existiert. Freiheit und Gerechtigkeit sind Ideen, von denen nicht alle überzeugt sind; etwa sind Faschisten* und Fundamentalist*innen es nicht. Doch wenn ich über die Welt schaue, dann wird mir bewusst, dass ich aktuell auf einem

Planeten lebe, auf dem die meisten Menschen an Freiheit, Frieden und Recht glauben.

Ein dritter Grund ist, dass es zwar durchaus Blöcke auf der Welt gibt. Sie sind aktuell aber nicht stark getrennt. Ihre Grenzen sind derzeit fluide und sehr durchlässig. Als ich geboren wurde, war das ganz anders und ich weiß nicht, wie es in der nächsten oder übernächsten Generation sein wird. Doch aktuell ist der Geist der Verbundenheit sehr stark auf der Erde.

Chancen und Risiken bergen die Möglichkeiten zwischen denen wir wählen können. Voller Wunder und Gefahren ist die Welt, auf der wir leben. Jede:r von uns ist in ihr gepresst in sein*/ihr* kleines, bedingtes Leben. Was ich im Lauf vieler Jahre herausgefunden habe, ist, dass alle von uns glücklich sein wollen. Das mag für Hochtrabende eine Binsenweisheit sein. Doch ich halte diese Einsicht für die Essenz.

Glück ist ein Gefühl. Glück ist ein Zustand. Glück ist eine Erwartung, ein Ideal, ein Traum, ein Paradies und vieles mehr. Das Streben nach Glück ist das, was alle lebenden Erdlinge vereint. Wie dieses Glück konkret aussieht, bedingt sich durch die Spezifika des einzelnen Erdlings. Doch das Streben nach Glück ist das, was gerade alle Lebewesen dieses Planeten vereint. Das ist die Chance, durch die wir uns gemeinsam auf die Suche nach dem Glück jedes Lebewesens machen.

3. Wie es sein wird, sobald die ER wahr sind

Wir Menschen lieben es zu träumen. Wir lassen uns gern von unserer scheinbar unendlichen Fantasie treiben. Also warum träumen wir nicht für einen Moment von einer zukünftigen Erde, in der die Menschenrechte vollkommen realisiert sind. Denn diese Erde wäre ein Paradies für alle Menschen. Schafft ihr es, euch das vorzustellen? Sobald ihr es geschafft habt, solltet ihr noch einen Schritt weitergehen und euch eine Erde vorstellen, in der die Erdlingsrechte vollkommen realisiert sind. Wäre das nicht sogar noch besser als das Paradies?

Stell dir diese gerechte Welt vor! Ich meine es ernst: stell dir eine bessere und heilere Welt wirklich vor! Reicht deine Fantasie dafür? Meine hat gereicht! Mit meinem geistigen Auge konnte ich eine bessere Welt sehen, in der alle geschützt werden und in der überall Frieden lebendig ist. Falls du es nicht geschafft hast, dann komm zu mir und ich teile meine Vision mit dir! Eine bessere und heilere Welt ist machbar. Hört nicht auf die Zweifler* und Nörgler*innen! Glaubt an unseren Traum: Lebt den Traum der ER. Werdet zu Visionär*innen der ER. Denn wir haben die Macht, sie wahr zu machen. Wir haben die Chance, den kommenden Generationen eine bessere Welt zu hinterlassen. Dazu brauchen wir Vertrauen und Weisheit. Wir brauchen Mut und Tatkraft. Wir müssen uns anstrengen und dürfen niemals aufgeben.

Ich hatte die Vision, dass eines Tages alle Kriege und Gewalt auf der Welt verschwunden sein werden und wir auf unserer geliebten Erde alle glücklich zusammenleben. Es ist nicht schwer, sich diese Vision vorzustellen: Macht einfach die

Augen zu und träumt mir mir! Fliegt mit eurem geistigen Auge über diese freie und sichere Erde.

Wie wird es für uns Menschen sein, wenn die ER real geworden sind? Wie wird sich unser Leben verglichen mit der Gegenwart verändern? Dass es anders sein wird, ist klar. Denn unsere heutige Welt ist, wie sie ist wegen unserer gewalttätigen Konflikte und Vorurteile. Doch diese hören in einer Welt der ER auf. Sie würden die Welt der Zukunft nicht mehr prägen.

Was würde sich konkret für uns verändern? Fangen wir mit dem Blick auf unsere Gefühle an: Wir würden aufhören, uns zu fürchten und zu zweifeln. Heute sind Angst und Zweifel in jedem Menschen manifest. Aber sie kommen nicht aus der Tiefe unseres Wesens. Sie sind nur Reaktionen auf die Außenwelt. Sicherlich verfestigen sie sich bei einigen so stark, dass sie quasi inhärent werden. Doch ihre Ursachen sind extern und entstehen aus äußeren Einflüssen.

Ist es nicht extrem traurig, wie sehr wir uns voreinander fürchten? Besonders in Großstädten steigt die Zahl von Menschen mit sozialen Phobien ins Unermessliche. Ist das nicht ein riesiges Armutszeugnis für unsere Spezies? Wir Menschen leben in Angst voreinander und das ist nicht nur die Angst vor Fremden. Auch innerhalb der Familien gibt es diese sozialen Ängste. Natürlich würden die sozialen Ängste aufhören, sobald die ER realisiert sind. Denn wovor sollten wir Menschen uns noch fürchten, wenn wir endlich aufgehört haben, psychische, physische und soziale Gewalt gegeneinander auszuüben? Doch genau das bewirken die ER.

Was spricht dagegen, wenn wir unsere Kräfte darauf ausrichten, eine Welt zu erschaffen, die frei von Gewalt ist? Ich glaube, die einzigen Gründe dafür entstehen aus niederen Motiven wie Hass und Angst. Doch worauf beruhen Hass und Angst, die Gewalt hervorrufen? Sie beruhen auf einer Fehleinschätzung. Sie beruhen auf dem Glauben, dass der Nutzen von Gewalt das eigene Leben, das Leben der Familie oder des Volkes verbessern würde; womöglich sogar noch langfristig oder dauerhaft. Aber das ist ein schlimmer und folgenschwerer Irrtum. Gewalt macht das Leben schlechter und Gewalt macht jeden unglücklich.

Denn Gewalt hat nachweislich immer einen Bumerang-Effekt. Sie kommt immer zu dem Individuum oder der sozialen Gruppe zurück, die sie ausgesandt haben. Ich bin z.B. ein Deutscher und die jüngste Vergangenheit zeigt, wie die Gewalt, die mein Volk in zwei Weltkriegen gesät hat, fürchterlich und zerstörerisch zurückkam. Wir haben sehr viel verloren aufgrund der Gewalt, die wir gesät haben. Die Gewalt kam zurück und brachte uns all das Leid heim, das wir vorher zu anderen gebracht hatten.

Gewalt schadet immer auch dem, der sie aussät. Eine Folgeerscheinung ist zwanghafte Paranoia. Vielleicht wird sie ausgelöst durch unsere Spiegelneuronen. Aufgrund derer geht der Gewalttäter*in zwangsläufig davon aus, dass ihm/ ihr die anderen dieselbe Gewalt antun werden, die er/ sie über sie gebracht hat oder plante, über sie zu bringen. Daraus entsteht eine Spirale der Gewalt, die historisch belegbar ist, etwa bei autokratischen Herrschercliquen oder gewalttätigen Gesellschaften.

Hass aufeinander und die Angst voreinander werden logischerweise verschwinden, sobald die ER realisiert sind. Tatsächlich lässt sich erst von einer Realisation der ER sprechen, wenn gesetzlich und kulturell alle Gewalt gegen Menschen überwunden ist. Genau das wäre eine logische Folge der ER.

Jetzt könnte jemand fragen, ob es dann nicht ausreichen würde, nur die Menschenrechte zu realisieren, weil sie auch alle Gewalt gegen Menschen aufheben würde? Ich denke, dies würde nur bedingt zutreffen. Denn Gewalt ist Gewalt. Solange wir systematisch Gewalt etwa gegen Tiere ausüben und auch legitimieren, wird dies immer ein Schlupfloch bleiben, durch das sich die Gewalt zwischen Menschen zurück in unsere Gesellschaft schleichen kann.

In meinem Studium habe ich mehrere Studien rezipiert, die gezeigt haben, dass es eine Korrelation zwischen der Gewalt gegen Tiere und der Gewalt gegen Menschen gibt. Das Fazit war, dass das konditionierte Ermorden von Tieren bei den Täter*innen auch die psychische Disposition erhöht, Menschen ermorden zu wollen. Somit muss auch die Gewalt gegen Tiere gestoppt werden, wenn wir alle Gewalt gegen Menschen stoppen wollen!

Das Morden muss aufhören. Es erfüllt keinen Sinn oder Zweck mehr für uns Menschen. Angeblich haben sie jetzt In-vitro-Fleisch, also schlachtfrei kultiviertes Fleisch, erfunden. Das heißt, es wäre auch möglich die Tierwelt so umzugestalten, dass dort kein töten mehr nötig ist. Solche Verbesserungen sind heute möglich, erfordern allerdings konsequente, dauerhafte Anstrengungen, Planungen und viel Ausdauer. Aber das ist eben ein Bereich, bei dem wir längst in der Lage wären, ihn von aller Gewalt zu befreien. Er ist bei weitem nicht der einzige Bereich. Es gibt viele weitere Bereiche, in denen heute noch Gewalt angewandt wird, die aber genauso effizient ohne Gewalt funktionieren würden.

Gewalt schien da nötig zu sein, wo wir keine besseren Handlungsoptionen zu haben schienen. Doch genau diese haben wir jetzt! Wir haben soziale, maschinelle und digitale Techniken entwickelt, die es uns erlauben jeden Bereich des menschlichen Lebens ohne Gewalt zu gestalten. Wieder braucht das Anstrengung, Planung und viel Ausdauer. Doch es sind so viele menschliche Bereiche, die wir verbessern könnten. Stellt euch vor, Gewalt, Folter und Mord würden zu einer extremen Ausnahmeerscheinung in unserer menschlichen Welt werden! Ich meine, wäre das nicht traumhaft? Die Welt und unsere Leben wären einfach schöner und glücklicher, weil wir sicher vor Gewalt wären.

Bleiben wir bei diesem Blickwinkel: Das Leben wäre schöner mit den ER. Die Welt wäre besser. Die Erde wäre friedlicher, sicherer, freier und freundschaftlicher. Fragen wir uns, warum das so wäre; dann ist die Antwort einfach: Weil es dann weniger Gewalt gäbe. Es gäbe auch weniger Diskriminierungen und Vorurteile. Wir würden mehr Gerechtigkeit erfahren und könnten unsere Freiheiten sicher und geschützt ausleben.

Es so zu sehen, ist der Blick von oben auf die Welt der ER. Im Leben des Einzelnen* würde sich das jeweils individuell darstellen. An dieser Stelle sollten wir klar machen, dass es erst durch die MR und ER wirklich möglich wird, dass wir unsere Leben frei gestalten können. Denn unter gewalttätigen Diktaturen gibt es die Möglichkeit sich frei auszuleben nicht. Denn dort wird alles durch gewalttätige Regierungen bestimmt. Ein aktuell prominentes Beispiel sind die nicht-heterosexuellen Lebensweisen und diese Formen der Liebe. Es war und ist unmöglich diese in den monotheistischen Diktaturen Europas und Asiens auszuleben. Erst durch die zunehmende Umsetzung der Menschenrechte konnten Nicht-Heterosexuelle beginnen, ihre Leben und ihre Liebe selbstbestimmt zu gestalten.

Was wir aus diesem Beispiel mitnehmen müssen, ist die Erkenntnis, dass eine positive Entwicklung möglich ist. Die Welt kann besser oder schlechter werden im Bezug auf Themen wie Gewalt, Vorurteile, Diskriminierungen und Ungerechtigkeit. Unzählige Beispiele beweisen, wie durch soziale und politische Anstrengungen der Zustand der Welt verbessert wurde. Das ist der Beweis, den wir brauchen, um an die ER glauben zu können.

Deshalb dürfen wir an die ER glauben. Dieser Glaube beinhaltet den Glauben an eine Zukunft, in der die ER weltweit erreicht worden sind. Dieser Glaube mag auf das Problem treffen, dass er aus heutiger Sicht kaum vorstellbar ist. Zu fern erscheint eine reale Welt der ER. Aber das darf uns nicht daran hindern, wirklich daran zu glauben. Die vielen positive Entwicklungen sind unser Beweis, dass es möglich sein muss.

Stellen wir uns einen Menschen im feudalen Mittelalter Europas vor. Nehmen wir an, er lebte in einem Königreich und sein regionaler Herr war ein Priester. Dieser Mensch ist ein Bauer und er kennt sein Feld, auf welchem er täglich arbeitet und sonntags geht er in die Kirche. Dazu kommt noch der regelmäßige Frondienst; also die Zwangsarbeit für seinen kirchlichen Herrn. Wenn er krank wird, dann werden ihm religiöse Gebete und ein paar Kräuter verordnet. Sein Lebensraum ist auf seine Familie und sein Dorf beschränkt.

Ein solcher Mensch könnte sich unsere heutige Welt niemals vorstellen. Er hätte keine Ahnung von der Wahlfreiheit, wie wir sie heute in der

Demokratie kennen. Die Techniken, die wir besitzen, würde er für Wunder oder Hexerei halten. Auch dass er seine Religion und seinen Wohnsitz selbst wählen könnte oder wenn er Lust bekäme homosexuell leben könnte, wäre für diesen Menschen undenkbar.

Wir sind so ähnlich wie dieser mittelalterliche Mensch, wenn es um die ER geht. So wie für diesen Menschen demokratische Grundrechte und weitreichende marktwirtschaftliche, sowie persönliche Freiheiten undenkbar gewesen wären. Genauso ist für uns eine Welt undenkbar, wie sie in einem Zeitalter verwirklichter ER Alltag wäre. Die Welt des europäischen Mittelalters hat sich weiterentwickelt. Technische und soziale Innovationen haben das Leben fundamental verändert. Zumindest gilt das für Europa, da in einigen Erdteilen wie im Südwesten Asiens noch immer mittelalterliche Zustände herrschen. Das europäische Mittelalter wich einem neuen Zeitalter. Dieses musste wiederum einer neuen Zeit weichen und so weiter; bis unsere jetzige Epoche anbrach.

Ich glaube und vertraue auf die ethische Entwicklungsfähigkeit unserer Spezies. Ich weiß, dass diese Entwicklung nicht linear und ohne Probleme vonstattengehen wird. Doch ich bin davon überzeugt, dass es besser werden kann. Ich glaube das, weil ich an die Menschheit glaube. Denn ich glaube an die Güte, die Herzlichkeit und den Verstand, die in uns verborgen liegen. Ein neuer Morgen wird beginnen und für all jene Erdlinge, die heute noch nicht vom Gesetz geschützt werden, wird es Recht und Gesetz geben. Ich glaube das, weil ich in einem Land lebe, welches einst eine religiöse Minderheit systematisch in Lagern ermordete. Aber mein Land hat sich geändert. Heute wird akribisch auf den Schutz aller Juden und Jüdinnen geachtet und dieser ist sogar explizit in den Gesetzen verankert worden.

Unser heutiges Gesellschaftssystem weist jedem Lebewesen einen Platz zu. Auch wenn es durchlässiger geworden ist, so sind seine Grenzen noch immer stahlhart. Meist ist Hierarchie das Element, das die Beziehungen zwischen den Individuen regelt. Das wirft zwangsläufig die Frage auf, inwieweit Hierarchie bei der Verwirklichung der ER eine Rolle spielen wird? Beginnen möchte ich mit der Aussage, dass meiner Recherche nach strenge und strikte Hierarchien das Kennzeichen aller Gesellschaften waren, die einen Angriffs- oder Vernichtungskrieg gegen andere Länder, Völker oder Menschengruppen geführt haben. Diese Tatsache kann nur zu dem Schluss führen, dass Hierarchie nur unter dem Umstand, dass sie von ihrem kriegerischen Potential befreit wird, eine Rolle innerhalb der ER spielen darf. Insofern sie friedlich ist und keinem Erdling des Rechts beraubt, kann Hierarchie eine Rolle in der Welt verwirklichter ER spielen.

Welchen Sinn und Zweck erfüllt Hierarchie? In der Vergangenheit diente sie der Kontrolle und Unterdrückung anderer. Das ist unvereinbar mit den ER. Hierarchie diente auch zur Organisation der Verwaltung. Angesicht der zunehmenden Digitalisierung wird das immer unwichtiger. Hierarchie diente dazu, um zu koordinieren. Auch das wird durch technische Innovationen immer unwichtiger und wäre auch in der

Vergangenheit immer ohne Hierarchie möglich gewesen.

Hierarchie diente zudem auch in erzieherischen Kontexten. In diesem Bereich könnte Hierarchie tatsächlich langfristig einen moralischen Mehrwert liefern. Wohlgemerkt könnte: Denn auch im Bereich der Erziehung wurde Hierarchie oft als Werkzeug für Missbrauch benutzt. Das reichte von emotionalem bis zu sexuellem Missbrauch. Deshalb kann sie in der Erziehung nur eine zentrale Rolle spielen, wenn zukünftiger Missbrauch verhindert wird.

Letztendlich ist es zweitrangig, ob es in einer Welt realisierter ER Hierarchie gibt oder nicht. Entscheidend ist der sichere Schutzraum für jeden Erdling. Entscheidend ist die ausreichende Versorgung und Fürsorge für jeden Erdling, die es ihm/ihr/es erlaubt, sich kontinuierlich höher (im moralischen Sinne) zu entwickeln. Denn selbst wenn es Hierarchie gäbe, würde das Recht, dass alle Menschen oder Erdlinge gleich an Rechten und Würde sind, über jeder Form von Hierarchie stehen.

Stellen wir uns das biblische Paradies vor, finden wir auch dort Hierarchie übereinander. Außerdem gibt es dort eine Macht, die einen einfach verdammen oder ausschließen kann. Beides wird es in einer Welt realisierter ER nicht mehr geben. Selbst wenn es Hierarchie gäbe, dann wäre sie nicht übereinander. Auch die Verdammung ist mit den ER unvereinbar. Die ER sind nicht so gemeint, dass plötzlich ein Erdling irgendeinen schlimmen Fehler macht und ihm/ihr/es dadurch der Rechtsschutz durch die ER aberkannt werden kann.

Dieser Fall ist übrigens sehr wichtig: Denn was passiert, wenn ein Erdling bewusst und absichtlich die ER bricht oder andere Erdlinge schädigt oder ermordet. Gibt es Strafen in einer Welt realisierter ER? Eine Strafen ist solange sinnvoll, solange sie einen Zustand prädestiniert, durch den die Ursachen, die als strafwürdig befunden wurden, nicht mehr auftreten, bzw. verschwinden. Dabei kann Rache niemals eine akzeptable Strafe sein. Auch Strafen, die Personengruppen darin bestärken, jenes strafwürdige Verhalten zu zeigen, ergeben keinen Sinn. Das aktuelle Strafsystem der meisten Staaten ergibt genau deshalb wenig Sinn, weil es Strukturen fördert, in denen Straftaten immer wahrscheinlicher werden. Gewalttätige Handlungen nehmen dadurch zu; aktuell ist der amerikanische Doppelkontinent dafür ein Negativbeispiel.

Ob also Strafe in einer Welt realisierter ER nötig ist, hängt vom Zustand der Welt ab, in der die ER realisiert sind, als auch vom Qualitätsgrad ihrer Realisation. Denn natürlich kann die Welt, in der die ER realisiert sind, ganz verschieden sein und auch die Qualität ihrer Realisation kann differieren. Dies muss also bedacht werden, bevor bestimmt werden kann, ob eine Strafe nötig ist; wie diese Strafe aussehen und welche Auswirkungen diese Strafe haben soll.

Gerechtigkeit ist ein Hauptziel der ER. Eine Gesellschaft, deren intelligente Mitglieder diesen Sinn verstanden haben, werden sich freiwillig Strafen auferlegen. Das mag aus heutiger Sicht unsinnig erscheinen. Warum sollte der Dieb, der eben noch bewusst gestohlen hat, sich plötzlich entschließen, einen erheblich wertvolleren

Betrag seines Vermögens wegzugeben als Akt der Wiedergutmachung und Strafe? Doch wer sich mit dem positiven Effekt von Tugend und Moral beschäftigt, dem wird schnell der Sinn dahinter klar werden. Denn von einer heilen Gesellschaft profitieren alle ihre Mitglieder*, auch die Straftäter*innen.

Wir reden hier von einer Welt, die moralisch deutlich weiter entwickelt ist als unsere Heutige. Unsere heutige Welt erscheint nur deshalb so moralisch, weil wir sie mit vergangenen Gesellschaftssystemen vergleichen, die wenig moralisch waren. Doch wenn ich mir meine Stadt anschaue, entdecke ich an jeder Ecke sehr viel soziale Ungerechtigkeit. Wir sind noch immer weit entfernt von einer wirklich gerechten Welt. Draußen vor dem Fenster etwa sitzt gerade ein Obdachloser und bettelt. Es ist kalt, denn heute Nacht hat es geschneit. Ich kann sehen, wie er zittert.

Der Obdachlose da draußen ist nicht der Einzige. Ich schätze, es sind über zehntausend Menschen, die gerade in der Kälte dieser Stadt unterwegs sind, um sich etwas Geld fürs lebensnotwendige zu erbetteln. Zugleich verfügt dieser Staat über genügend finanzielle Ressourcen, um für jede:n Obdachlosen dieser Stadt eine Unterkunft, Nahrung, Kleidung und ausreichend berufliche und soziale Förderung bereitzustellen, um sie wieder zu reintegrieren. Leider will die Politik das nicht und sieht seit Jahrzehnten weg.

Auch an anderen Stellen wird die soziale Ungerechtigkeit deutlich: etwa im sogenannten Gender-Pay-Gap: Eine soziale Gruppe bekommt nur aufgrund ihres Geschlechts im Durchschnitt weniger Geld für dieselbe Leistung. Hier bei uns sind das die Frauen, was angesichts dessen das bisher alle Menschen von Frauen geboren worden sind, ein Zeichen ist, wie groß der Respekt des aktuellen Systems vor der gesamten Menschheit ist. Frauen werden somit in dieser durch Konkurrenz bestimmten Gesellschaft strukturell benachteiligt. Das ist ein unfaires Desaster! Es ist umso schlimmer, da das Grundgesetz dieses Rechtsstaates eine solche Ungleichbehandlung klar verbietet.

Aktuell steht das Konkurrenzsystem außer „Konkurrenz". Es bestimmt sowohl unsere nationalen Wirtschaften als auch den globalen Welthandel. Wie eine hocheffiziente Wirtschaft ohne Konkurrenz funktionieren könnte, weiß ich leider bisher noch nicht. Aber das aktuelle Konkurrenzdenken, welches die gesamte Erde dominiert, wird niemals die Basis sein, auf der die ER realisiert werden können. Deshalb müssen wir neue, faire und gerechtere Formen des Wirtschaftens entwickeln.

Auch wenn wir aktuell den Traum von einer heilen Welt, in der kein Lebewesen mehr geschädigt wird, nicht mit Konzepten, Strategien und Plänen füllen können: Es ist sehr gut möglich, dass eine zukünftige Generation das schaffen kann. Deshalb können wir heute von den ER träumen, auch wenn wir selbst nicht wissen, wie wir sie umsetzen können. Wir dürfen davon träumen und daran glauben, dass es eine Zukunft geben wird, in der sie möglich und wahr sind. Denn das ist absolut realistisch und deshalb ist unser Traum keine Fata

Morgana, Seifenblase oder bloße Illusion. Unser Traum ist die Wahrheit einer besseren Welt!

Wir dürfen abends im Bett wachliegen und von den ER träumen und uns sicher sein, dass sie wahr werden können. Wir dürfen genauso mit unseren Freund*innen, in der Schule, in den Unis, auf Arbeit oder auf Partys darüber reden. Wir dürfen das, weil die ER definitiv eines Tages wahr sein könnten und wir dürfen das, weil wir durch unsere Gedanken und Gespräche den ER den Weg ebnen.

Der Traum von einer besseren Welt ist sicher eines der wichtigsten Charakteristika unserer menschlichen Spezies. Er erklärt die meisten unserer individuellen und kollektiven Entscheidungen. Nicht alle von ihnen waren richtig. Einige endeten in Sackgassen, andere in Katastrophen. Doch der Traum starb nach keiner dieser Fehlentscheidungen. Manchmal schienen es gerade unsere Fehler gewesen zu sein, die uns danach noch schneller antrieben.

Die Antworten darauf, wie wir unseren Traum mit Leben füllen, sind endlos. Malt ihn! Schreibt Gedichte und Romane über ihn. Besingt ihn in

Milliarden Liedern. Dreht Filme dazu oder animiert ihn als Manga. Führt Theaterstücke über unseren Traum auf oder macht Flashmops dazu. Erfindet Erdlingstänze oder Erdlingsyoga. Kocht und trinkt für unseren Traum oder schneidert ER-Klamotten. Die Möglichkeiten sind endlos: Hauptsache ihr fangt an!

Eines Tages werden die ER wahr sein. Sie werden wahr geworden sein, weil du und viele Milliarden andere sie wahr gemacht haben. Schon heute leben Menschen wie ich ein extrem tolles Leben. Ich bin also der Beweis, wie gut es einem Erdling gehen kann. Wenn es einem Erdling so gut gehen kann, dann muss es einen Weg geben, durch den es irgendwann und irgendwie allen Erdlingen gut gehen wird.

4. Wie machen wir die ER wahr

Wir sind genau hier und jetzt. Dies hier ist unsere Wirklichkeit. Die Gesellschaft, die uns hervorgebracht hat, ist, wie sie ist. Die Frage, die sich alle stellen müssen, die nach den ER streben, ist: Wie machen wir sie ausgehend von unserer heutigen Realität wahr? Denn wir wollen sie wahr machen, weil wir von einer gerechteren Welt träumen. Der Traum der Erdlingsrechte erwacht endlich auf der Erde. Mit ihm beginnt das Licht der Hoffnung auf eine bessere Welt heller zu strahlen als jemals zuvor. Denn die ER beinhalten das Recht jedes Erdlings auf Sicherheit, Fürsorge, Frieden und Freiheit.

Unseren Traum vom Traumland in die Wirklichkeit zu ziehen, wird uns viel Kraft kosten. Wir werden uns richtig anstrengen müssen. Denn da müssen wir ganz ehrlich sein: Nur durch endlose Motivation und eiserne Disziplin werden die ER möglich werden. Unsere Welt, wie sie heute ist, muss noch unzählige Entwicklungsschritte meistern, bevor die ER lebendig geworden sein werden. Doch das wir das Ziel der ER erst noch erreichen müssen, ist nur dann ein Problem, wenn wir nicht Teil der ER-Bewegung werden. Denn solange wir nicht Teil der ER Bewegung werden, bleiben wir Teil der Ursache, weswegen die ER noch nicht wahr sind. Dasselbe gilt für die MR:

Werfen wir einen Blick auf die Menschenrechte und ihre Verwirklichung in den letzten Jahrzehnten. Wir können sehen, wie viel wir schon erreicht haben. Zugleich müssen wir uns eingestehen, dass wir noch viel mehr erreichen müssen, als wir bisher geschafft haben. Denn noch leben an zu vielen Orten Menschen in Sklaverei, haben kein Recht frei zu wählen oder wird Menschen durch wirtschaftliche Strukturen die Gesundheit geschädigt. Ebenso werden vielerorts die Presse- und Meinungsfreiheit eingeschränkt. Unglücklicherweise werden auch noch immer weltweit viele Minderheiten gezielt unterdrückt.

Leider bedeutet das auch, dass wir noch viel Geduld brauchen, bis die ER endlich wahr geworden sind. Das ist die traurige Realität, die wir akzeptieren müssen, ohne dabei aufzugeben. Denn wenn ihr euch die Welt und ihre Krisen anguckt, ist es leicht zu verzweifeln. Die Kriege, die Vergewaltigungen, die Folter, der Terror, die Ausgrenzungen und Diskriminierungen sind herzzerreißend. Lasst nicht zu, dass sie euren Glauben an die ER zerstören! Kämpft mutig weiter! Gebt niemals auf!

Wir haben einen großen Vorteil: Denn sowohl die Menschen-, als auch die Erdlingsrechte liegen von unserer Position aus gesehen in derselben Richtung. Der Grund ist, dass beide desselben Geistes Kind sind. Beide streben einen Weltzustand an, der friedlicher, gerechter und gewaltfreier ist als der Heutige. Eben das ist der große Vorteil: Wenn wir uns auf eines der beiden Ziele zu bewegen, bewegen wir uns automatisch auch auf das andere zu.

Die allgemeinen Erdlingsrechte beschreiben einen Zustand, an dem alles Leben auf der Erde friedlich und gewaltfrei existieren kann. Da dieser Zustand theoretisch denkbar ist, muss er auch praktisch realisierbar sein. Für mich steht das außer Frage: Es ist möglich! Doch die Frage bleibt: Wie machen wir die ER lebendig? Antworten auf diese Frage gibt es viele. Wir erkennen die richtigen Antworten definitiv daran, dass sie Gewalt, Krieg und Hunger nachhaltig verringern. Auch Streit, Missgunst und Diebstähle sind offensichtliche Merkmale. Sobald sie weniger werden, ist das ein Beweis, dass wir uns den ER nähern.

Entwicklung geschieht chronologisch, d.h. alles entwickelt sich in unserer menschlichen Welt in eine bestimmte, zeitliche Richtung. Da die ER noch nicht wahr sind, liegen die verwirklichten ER in der Zukunft. Allerdings liegen sie dort nur, wenn wir bereit sind, heute die nötigen Vorbereitungen zu treffen. Denn alles geschieht in einem komplexen Kontinuum aus Ursachen und Wirkungen. Wir müssen die Ursachen für die ER säen, um sie ernten zu können.

Ob der Weg zu unserem Ziel kontinuierlich zu erreichen ist oder nur mit Unterbrechungen und Sprüngen möglich ist, wird die Zukunft zeigen. Wir werden noch herausfinden müssen, wie sich der Weg dorthin gestaltet. Das muss nicht negativ sein. Wir können das als ein Abenteuer sehen, denn das macht es spannend und verwandelt unsere Reise in ein unbekanntes Wagnis. Die Zukunft ist ungewiss, doch wir müssen hoffen und glauben, dass es möglich sein muss. Wir dürfen niemals aufgeben und wir müssen immer weiter arbeiten. Unsere Vision der lebendigen ER ist das Ziel. Stellt es euch vor und strebt dann ohne Unterlass unserem Ziel entgegen!

Unser langfristiges Ziel steht fest: die Erdlingsrechte! Es wäre schön, wenn wir es auf einmal schaffen könnten. Doch lasst uns ehrlich sein: Es ist wenig wahrscheinlich, dass wir die ER über Nacht wahrmachen können. Denn von meiner Position aus gesehen, sind bisher nicht einmal die MR verwirklicht. Die ER liegen noch viel weiter in der Richtung, die wir als vereinte Erdlinge gewählt haben, als die MR.

Wie die einzelnen Zwischenschritte aussehen werden, ist noch unklar. Erst unsere zukünftige Arbeit wird das zeigen. Einige werden einfach sein. Andere werden viele Jahre harter Arbeit kosten. Für die Lösungen mancher Aufgaben könnten mehrere Generationen Zeit brauchen. Denn manche ER-Ziele sind so komplex und sind so andersartig als die heutige Gesellschaft, dass es extrem viele Innovationen und Arbeit braucht. Doch jeder dieser Schritte würde eine Verbesserung der vorher schlechteren Zustände bedeuten. Deshalb ist es so wichtig, dass wir sie gehen.

Einen Zwischenschritt zu gehen, führt nicht zum Endziel. Doch viele dieser Schritte führen zum Ziel. Das klingt banal, ist jedoch sehr wichtig für unser Verständnis. Denn wir müssen das akzeptieren, damit wir langfristig denken und handeln. Dieses Verständnis ist die Basis unserer Ausdauer und unserer Motivation. Aus dieser Erkenntnis brennen wir unseren Treibstoff. Denn wenn ihr wie ich zu Erdlingen der ER werdet, dann müsst ihr euch auf Berge voller Arbeit einstellen.

Woran erkennen wir, dass es sich wirklich um einen Zwischenschritt handelt, der uns den ER näherbringt? Denn das zu erkennen, ist fundamental wichtig (Schon deshalb, weil sich möglicherweise in den einzelnen Schritten das Endziel erkennen lässt). Wir müssen uns sicher sein, dass unsere Entwicklung in die richtige Richtung führt! Wir brauchen ein oder mehrere Merkmale, von denen wir ablesen können, dass wir uns dem Ziel nähern. Das ist wichtig: Nehmt das sehr ernst!

Ein solch sicheres Kennzeichen für einen Erdlingsschritt wäre etwa die zunehmende Gewaltlosigkeit. Wenn wir also bei einem Entwicklungsschritt feststellen, dass die Gewalt weniger wird, ist das ein guter Indikator, dass wir uns den ER nähern. Das bezieht sich sowohl auf physische und militärische Gewalt, als auch auf psychische und soziale. Gewalt widerspricht dem Geist der ER. Gerade weil die Gewalt so schlimm ist, setzen wir alles daran, die MR und ER wahr zu machen.

Wir bestimmen unsere Ausgangsposition in der Realität des Heutigen und wir identifizieren unser Ziel: die allgemeinen Erdlingsrechte in der Zukunft. Die größte Herausforderung wird in der schrittweisen Umsetzung liegen und das wir bei Rückschlägen nicht aufgeben. Denn leider werden sich nicht alle ER sofort realisieren lassen. Das wäre schön, aber angesichts des Zustands der Welt ist das utopisch. Deshalb müssen wir uns entscheiden, welche Schritte wir zuerst setzen.

Die schwere Qual der Wahl resultiert aus den Auswirkungen einer Entscheidung. Sie sind unkalkulierbar. Deshalb ist es so schwer, sich richtig zu entscheiden. Meist sind mehrere verschiedene Optionen gleichzeitig möglich. Doch wir können nicht alle wählen. Dafür reichen die Zeit und unsere Ressourcen nicht aus. Bei der Entscheidung, welche Schritte die nächsten sind, werden wir wahrscheinlich Fehler machen. Denn wir wissen nicht, wie das Ziel praktisch wirklich aussieht. Es ist ein bisschen wie das Stochern im Nebel. Doch wir haben keine Wahl. Wir müssen uns entscheiden. Da wir das genaue Aussehen unseres Ziels noch nicht kennen, bewegen wir uns näherungsweise vorwärts. Es wäre schön, wenn es leichter ginge und ohne Versuch und Irrtum gelingen könnte. Ich hoffe sehr, dass es einer zukünftigen Generation möglich wird, ihre Entscheidungen reflektierter und auf der Grundlage besserer Daten zu treffen!

Vergegenwärtigen wir uns noch einmal das Ziel: gleiche Rechte für alle Erdlinge. Machen wir uns noch einmal klar, wie komplex die Wege dorthin sind. Es sind so viele Wege und es gibt so viele Möglichkeiten. Auf jedem davon werden andere Gruppen zuerst durch diese Rechte geschützt werden. Das ist die Crux. Es ist Unrecht, das steht außer Frage. Aber wer von euch kennt einen Weg, auf dem gleichzeitig allen Erdlingen die gleichen ER verliehen werden können? Falls es eine:r von euch weiß; dann bitte ich euch zu sprechen, damit wir die ER schnellstens allen gewähren können!

Wir müssen begreifen, wie extrem komplex die Probleme sind, die bisher verhindern, dass die ER Wirklichkeit werden. Meist ist es eine ganze Kaskade von vielfach ineinander geschachtelten Problemclustern. Deshalb ist es so schwer nachhaltige Lösungen zu finden. Manche Lösungen sind gut, aber erzeugen gleichzeitig Spannungen und führen zu Folgeproblemen. Die eine Lösung löst zwar viele Probleme, doch sie erzeugt unkalkulierbare Nebenwirkungen. Das ist eben die Realität, wie sie ist. Unsere Welt stellt ein extrem komplexes Netz dar. Alles ist miteinander direkt oder indirekt verbunden. Veränderungen an der einen Stelle führen zu Veränderungen an anderer.

Wir müssen die Folgen unserer Lösungen bedenken. Sie können positiv und/ oder negativ sein. Darum müssen wir sie ständig überarbeiten und überprüfen. Das wird viel Zeit und Arbeit kosten. Das müssen wir uns bewusst machen. Deshalb ist wichtig, dass wir alle die Bereitschaft entwickeln, diese Arbeit bis zum Ende zu leisten.

Hören wir etwa plötzlich auf, alle Insekten zu zerquetschen, wird das Auswirkungen auf andere Bereiche haben, z.B. werden wir genervt sein von zu vielen Mückenstichen. Dafür müssen wir dann neue Lösungen finden, am besten noch bevor sie entstehen. Hier in der Gegend gibt es derzeit eine Plage amerikanischer Eichhörnchen, die zu uns eingewandert sind. Sie terrorisieren die einheimische Art. Eine Lösung musste gefunden werden. Statt sie abzuschießen, wie es frühere Generationen getan hätten, haben die Verantwortlichen* jetzt begonnen, viele Weibchen zu sterilisieren. Das ist vielleicht nicht die perfekte Lösung. Aber es ist eine deutlich bessere Lösung, als die Eichhörnchen einfach zu erschießen. Denn es ist weniger gewalttätig

Bei dem derzeitigen Umgang mit Tieren wäre es zum Beispiel ein erster Schritt zu garantieren, dass nur noch schmerzfreies Töten erlaubt ist, bevor das Töten ganz aufgegeben werden kann. Versteht mich nicht falsch, ich ernähre mich nur vegan. Doch viele Menschen essen noch Fleisch. Es scheint derzeit illusorisch, dass bald alle Menschen das Fleischfressen aufgeben. Deshalb könnte der erste Schritt das schmerzfreie Töten sein.

Als nächstes setzen wir größere Schritte. Denn das Töten und Essen von Tieren ist unvereinbar mit den ER. An sich ist alles gewaltsame Töten unvereinbar mit den ER. Kein Lebewesen will sterben. Meiner Einschätzung nach zeigen sogar die Reaktionen der Pflanzen eindeutig, dass sie über den Drang zum Überleben verfügen. Auch sie scheinen nichts anderes als Leben zu wollen. Bei uns Menschen und den Tieren ist es hingegen klar bewiesen, dass wir nicht ermordet werden wollen.

Es gibt eine befriedende Entwicklungsrichtung. Mittlerweile werden Waldtiere betäubt und kastriert und nicht mehr erschossen. So lässt sich ihr Bestand effizienter und mit weniger Gewalt kontrollieren. Technisch gesehen hat das die Jagd bereits überflüssig gemacht. Genauso sind wir mittlerweile fähig Essen für Fleischfresser herzustellen, dass nicht von lebenden Tieren stammt, dazu zählt etwa veganes oder künstlich hergestelltes Fleisch. Dadurch sind wir in der Lage, die Notwendigkeit aufzuheben, dass Tiere geschlachtet werden müssen. Auch für fleischfressende Tiere lässt sich so längst künstliches Fleisch herstellen. Und all diese Maßnahmen werden ständig verbessert und weiterentwickelt.

Wir sind noch nicht an unserem Traumziel. Ein Blick auf unseren Planeten beweist das leider eindeutig. Vor uns liegt extrem viel harte Arbeit. Anfangs geht es darum, die richtige Richtung zu finden, in die wir uns entwickeln müssen. Dann geht es darum das Leiden und die Schmerzen nach und nach zu verringern und die Probleme zu lösen. Ein weiterer Schritt ist die kontinuierliche Sammlung von Wissen. Wir müssen unsere Erfahrungen sammeln und sie festhalten, damit andere davon profitieren. Wir müssen uns im Sinne der ER vernetzten.

Der Grad der Bewusstheit und Intelligenz bestimmt definitiv den Grad, wie schuldfähig ein Individuum ist. Ein Wolf ist derzeit nicht dazu in der Lage zu reflektieren, ob er ein Reh töten muss. Er ist auch nicht in der Lage, eine Gesellschaft zu erschaffen, die ihm ein gutes Überleben garantiert, ohne das Reh zur Ernährung töten zu müssen. Doch wir Menschen sind dazu fähig. Daraus begründet sich auch eine vielfach höhere Schuldfähigkeit; ebenso das Recht dieses oder gleich geartete Verbrechen zu maßregeln. Denn die ER sind eben auch ein Gesetzestext. Ein Erdling erhält durch die ER einen Rechtsanspruch, sich vor Gewalt und Missbrauch schützen zu lassen. Die Exekutive der Erdlingsrechte sind dazu verpflichtet, diesen Rechtsanspruch durchzusetzen.

Viele Kulturen haben das Fleischfressen verboten und den Schutz der Tiere in ihren Gemeinschaften zur Maxime erhoben. Was sie nicht gemacht haben, war, Strukturen zu entwickeln, um den fleischfressenden Kulturen wirtschaftlich überlegen zu sein. Aber genau das ist ein Ziel der ER-Bewegung. Wir entwickeln auf der Basis der ER wirtschaftliche Strukturen, die den Nicht-ER Strukturen überlegen sind. Wir arbeiten kontinuierlich an dem Aufbau einer ER förderlichen Ökonomie. Das beziehen wir auf die Herstellung von Produkten, den Verkauf, den Arbeitsmarkt, die Ressourcenkreisläufe, als auch auf alle finanziellen Transaktionen.

Die ER sind ein Gesetzestext. Das ist ihre Hauptfunktion. Sie schaffen einen einheitlichen Rechtsrahmen für alle Erdlinge, bzw. es ist ihr Ziel, einen einheitlichen Rechtsraum für alle Erdlinge dieses Planeten zu schaffen. Aufgrund der sozialen, technischen, geopolitischen und kulturellen Bedingungen ist ein solcher Zustand in meiner Gegenwart noch nicht voll realisierbar. Deshalb bleiben die ER vorerst ein Gesetzestext mit zukunftsweisendem Charakter.

Auch die MR erfüllen die Funktion eines Gesetzestextes. Sie sind mittlerweile von vielen Staaten der Erde ratifiziert. Dennoch haben wir es bisher nicht geschafft, einen einheitlichen und verbindlichen Rechtsraum für alle Menschen auf der Basis der MR zu schaffen. In diesem Fall übernehmen sie als Gesetzestext denselben zukunftsweisenden Charakter wie die ER.

Bei der Gesetzgebung lassen sich vorläufige und endgültige ER unterscheiden. Vorläufige ER sind notwendig, solange es wirtschaftlich und politisch noch nicht machbar ist, die endgültigen ER zu garantieren. Vorläufig bedeutet, dass es unter den aktuellen Bedingungen noch nicht möglich ist, die ER vollständig garantieren zu können. Zugleich zeigen die Gesetzgebenden dadurch, dass sie durchaus den Sinn und hohen moralischen Wert der ER verstanden haben und dass sie danach streben, sie irgendwann in der Zukunft zu ermöglichen.

Die endgültigen ER beginnen juristisch da, wo durch die vorläufigen ER, die Bedingungen geschaffen wurden, sie voll umfassend zu realisieren. Bei den endgültigen ER lassen sich wiederum basale ER und erweiterte ER unterscheiden. Basale ER würden etwa den Schutz, die Freiheit und Unversehrtheit umfassen, bzw. garantieren. Erweiterte ER würden etwa die Fürsorgeverpflichtungen umfassen, also die Garantie beinhalten, dass die gesamten gesellschaftlichen Kräfte sich um den/die einzelne Erdling kümmern müssen.

Außerdem ist es noch überlegenswert, ob sogenannte aktuell realisierbare ER extra niedergeschrieben werden sollten. Sie wären spezifische Ausführungsvorschriften, die am jeweiligen Stand der Zeit gemessen werden müssten. Da die Umstände sich ständig ändern, bedürften sie regelmäßiger Aktualisierung.

Diese Betrachtungen sind wichtig. Denn sie helfen uns differenziert, die Entwicklung der ER voran zu treiben. Jede:r Erdling ist. Wie könnte ein Gesetzestext dieser essenziellen Wahrheit keine Beachtung schenken? Gesetze wurden von uns Menschen erfunden, um die Abläufe der Welt so zu regeln, dass dadurch signifikante Verbesserungen eintreten. Gesetzestexte, die wiederum nicht alle Fakten einbeziehen, sind unvollständig. Das gilt für alle Gesetze, die dem Fakt, dass alle Erdling sind, keine Rechnung zollt. Per Definition weisen sie Gesetzeslücken auf. Die positive Wirkung dieser Gesetze ist somit von vorn herein begrenzt. Ihnen wohnt zwangsläufig eine Tendenz zu Fehlurteilen inne.

Neben Gesetzen, die Tatsachen nicht erfassen oder weglassen, gibt es Gesetze, die Tatsachen falsch erfassen. Zwangsläufig werden auch sie aufgrund dieses Umstands Fehlurteile erzeugen. Denn wie könnte ein Gesetz seine maximal ethische Wirkung entfalten – was sein Ziel sein sollte, denn wozu sonst bräuchten wir Gesetze, wenn nicht um die Umstände zu verbessern – wenn es die Fakten unzureichend, gar nicht oder falsch erfasst.

Fakt ist: Jede:r Erdling lebt. Denn das ist unsere Grunddefinition für das Wort Erdling; nämlich Lebewesen der Erde. Ein Gesetz, dass diesen wichtigen Fakt nicht vollständig erfasst, erzeugt zwangsläufig Probleme für die Lebewesen. Nun ließe sich einwenden, dass sich das nur auf die Gruppe von Erdlingen erstreckt, die nicht vom Gesetz erfasst worden sind. Doch es verhält sich ganz anders: Denn die Erde ist ein komplexes Netz des Daseins. Alles ist auf die eine oder andere Art miteinander verbunden. Das heißt nichts anderes, als dass negative Auswirkungen, welche die eine Gruppe betreffen, sich auch auf andere Gruppen negativ auswirken werden. Da wir uns in einem globalen Kreislauf befinden, sind Auswirkungen auf das Gesamtsystem der Erdlinge immer wahrscheinlich.

Zurück zu unserem Weg: Insofern keiner den Weg zeigt, wie wir die ER mit einem Mal für alle Erdlinge und ihre Nachfahren garantieren können, bleibt uns nur der schrittweise Weg. Dazu brauchen wir sehr viel Rechenleistung. Ob diese analog oder digital – ob mit Bits, Qbits oder was da noch kommt – geschieht, ist irrelevant. Was zählt ist das Ergebnis. Dieses wird nur mit viel harter Arbeit und enorm viel Rechenleistung erreicht werden können.

Wir müssen uns die Vielschichtigkeit des Prozesses bewusst machen, der uns erwartet. Im Gros lässt er sich in Theorie und Praxis unterteilen. Der Text der Erdlingsrechte etwa ist ein theoretischer Akt. Sich hinzusetzen und mit anderen darüber zu diskutieren, ist der Schritt von der Theorie in die Praxis. Dann sein Leben nach den ER umzustrukturieren, damit andere Lebewesen weniger leiden, wäre die Praxis.

Theorie und Praxis ist nur die intuitivste Möglichkeit den Prozess der ER einzuteilen. Es gibt noch viele mehr. Von besonderer Bedeutung sind die gedanklichen Reflexionsketten. D.h. nach jeder Handlung müssen wir die Ergebnisse und Folgen kritisch reflektieren. Sind die ER erreicht, wäre das nur nötig, um zu garantieren, dass die ER dauerhaft aufrecht erhalten werden können. Solange das noch nicht erreicht ist, ist es um so notwendiger, zu reflektieren, um bessere Lösungen zu finden.

Jeder Bereich lässt sich weiter unterteilen. Die theoretische Arbeit ist etwa kein in sich geschlossener, kohärenter Prozess. Es ist ein extrem komplexes Geschehen, dass sich sowohl aus kognitiven, als auch nicht-kognitiven Elementen zusammensetzt. Einige Teile umfassen das Sammeln von Informationen, andere das Verstehen, Interpretieren und Vernetzen gesammelten Wissens. Es werden Fragen auftreten: Wo kommt das Wissen her? Wie stehen neue Fakten im Verhältnis zu bestehenden Fakten? Wie verändern neue

Fakten alte Sichtweisen? Diese und viele andere Fragen müssen beantwortet werden.

Auch wenn genug theoretische Vorarbeit geleistet ist, folgt dann nicht ein einfacher praktischer Ablauf. Wir reden bei den realisierten ER von der Umsetzung auf globaler Ebene. Es geht darum: Recht und Gesetz für jedes Lebewesen zu garantieren, damit es geschützt und versorgt ist. Es ist möglicherweise das größte moralische Unternehmen, das jemals gestartet wurde. Deshalb erstreckt sich die praktische Umsetzung auf eine gigantische Zahl an Bereichen und eine noch größere Anzahl an Konkreta.

Allein schon die Anzahl an Spezies auf unserem Planeten bedingt die Anzahl an konkreten Strukturen, um die ER zu garantieren. Eine Spezies wiederum ist nie komplett homogen. Wir Menschen sind bisher die Spezies, die die meisten individuellen Tendenzen aufweist. Aber auch andere Spezies weisen große Unterschiede innerhalb ihrer Spezies auf.

Die zwei größten Herausforderungen werden die Folgen und die Langfristigkeit betreffen.

Wenn wir Lösungen installieren, um eine oder mehrere Spezies besser zu schützen, hat das Folgen. Diese Folgen sind schwer oder gar nicht vorhersehbar. Auch ob sie positiv oder negativ sind, lässt sich schwer abschätzen. Komplexe Systeme erzeugen häufig chaotische Reaktionen. Was sich eben noch positiv auswirkt, wirkt sich einige Zeit später negativ aus. Diesem Umstand lässt sich präventiv begegnen, indem wir uns darauf ausrichten und unsere Motivation und Disziplin nicht davon abhängig machen.

Das führt uns direkt zur zweiten großen Herausforderung. Selbst wenn die ER eines Tage weltweit realisiert sind, bedeutet das nicht, dass sie dauerhaft bestehen bleiben. Ein teilweiser, als auch ganzer Rückfall kann jederzeit geschehen. In unserem Universum gibt es für nichts eine dauerhafte Garantie, da sich alles in einem pausenlosen Prozess des Wandels befindet.

Herausforderung bleibt Herausforderung. Doch indem wir uns ihnen bewusst machen, können wir besser damit umgehen. Weder können wir heute komplett voraussehen, welche Auswirkungen wir, bei dem Versuch die ER zu realisieren, auslösen. Genauso wenig können wir wissen, wie lange wir eine Verbesserung aufrecht erhalten können, nachdem wir sie erreicht haben. Alles was uns bleibt, ist uns innerlich auf diese Dinge vorzubereiten, indem wir unseren Charakter/ Mindset dafür schulen.

Für uns Heutige bleibt die richtige Richtung das entscheidendste Teilziel. Hin zu weniger physischer und struktureller Gewalt. Hin zu mehr Entscheidungsfreiheit. Hin zu mehr Frieden und weg von jeglicher Willkür. Wir sagen nein zu Autokratie, Diktatur und Oligarchie und wir sagen ja zu Mitbestimmung, Gleichheit und besserer Gesundheitsversorgung.

Ich lebe als Indigener in einem Land, welches einst als das „Dritte Reich" traurige Berühmtheit erlangte. Diese grauenvolle Diktatur hat in kürzester Zeit mehr Gewalt und Mord über die Menschen gebracht als jede andere vor ihr. Doch heute sitze ich hier gemütlich in einem Café und genieße mit vielen Menschen zusammen den Frieden und die Freiheit.

Hier und jetzt erlebe ich den Beweis, dass Verbesserungen wahr werden können. Sind sie einfach so wahr geworden? Nein! Menschen haben sie wahr gemacht. Millionen Menschen haben sich gemeinsam auf den Weg gemacht, um die gewalttätige Diktatur dieses Landes in eine friedliche Demokratie zu verwandeln. Hätten sie das den Opfern des NS-Regimes während ihrer Folter und Gefangenschaft gesagt, dann hätten sie es nicht geglaubt. Aber genau diese Opfer ermahnen uns, wachsam zu bleiben. Wenn wir faul, zu hedonistisch oder unachtsam werden, dann können diese schlimmen Zeiten zurückkommen.

Wir sind aufgefordert zu handeln. Jede:r von uns muss etwas tun: ganz besonders du! Ich denke, dass wir uns in diesem Punkt alle einig sind: Wenn wir nichts dafür tun, um die Welt besser zu machen, dann wird sie schlechter werden. Denn irgendwelche Dummköpfe, getrieben von Habgier und Hass, werden etwas tun, dass die Welt schlechter macht. Deshalb sind wir verpflichtet etwas zu tun, insofern wir uns ein besseres Leben wünschen.

Sind wir bereit für das Zeitalter der ER? Ich bin es! Auch wenn ich weiß, dass die ER noch weit entfernt sind. So ist doch die Niederschrift dieses Textes ein Meilenstein auf diesem Weg und viel mehr noch der Startschuss für ein neues, besseres Zeitalter. Denn dieses Zeitalter wartet auf uns seit den ersten Tagen der Menschheit und wir dürfen die Ersten sein, die einen Schritt in diese bessere Welt setzen.

5. Paragraphen

Es folgen die Paragraphen der Erdlingsrechte. Sie stellen unveräußerliche Rechte für jedes Lebewesen der Erde dar. Sie gelten uneingeschränkt, sobald das praktisch endlich möglich ist. Solange ihr Geltungsbereich noch nicht realisierbar ist, gelten sie dahingehend, dass alle Entwicklungen darauf ausgerichtet werden müssen, damit sie zukünftig in vollem Umfang realisiert werden können, d.h. jedem Erdling garantiert werden können.

Gesetzestexte haben in unserer menschlichen Geschichte eine sehr lange Tradition. Sie sind sinnvoll, um Entwicklungen voran zu treiben, als auch um ein besseres Zusammenleben zu gewährleisten. Beide Ziele verfolgen auch die ER. Als ein Gesetzestext mit zukunftsweisendem Charakter wollen die ER den Weg ebnen, an dessen Ende die ER ihren vollkommenen Geltungsbereich entfaltet haben. Dazu impliziert dieser Text einen „roten Pfaden". Dieser muss in der Praxis eruiert und realisiert werden. Aufgrund der Komplexität dieser Aufgabe kann dieser Prozess weder in diesem Text, noch in einem anderen Text ausreichend dargestellt werden.

Die ER setzen neue, ethische Standards für das Zusammenleben auf der Erde. Wir alle sind auf diesem Planeten geboren. Jedes Leben ist ein Wunder. Wir müssen das Besondere des Lebendigseins in den anderen sehen und anerkennen lernen; so wie wir es auch in uns selbst sehen und anerkennen müssen.

Zuerst beginnen wir mit der Proklamation der allgemeinen Erdlingsrechte, wie sie aus den Traditionslinien der Erklärung der allgemeinen Menschenrechte entspringen. Die MR gingen aus einer bestimmten Denkkultur hervor, die eine moralische Größe in der Welt etablierte, die es vorher nicht gegeben hatte. Vom Blickwinkel echter Ethik aus war das einer der wichtigsten Schritte in der Geschichte der Menschheit.

Die Entwicklung universeller Menschenrechte war nicht nur das Ergebnis eines einzelnen Augenblicks oder eines einzelnen Menschen. Die MR waren das Produkt eines langen Prozesses. Sie wurden zwar zu einer bestimmten Zeit niedergeschrieben und von einer kleinen Gruppe erstmals ratifiziert. Doch das beschreibt die Wahrheit unzureichend, da diese Ereignisse nur ein kleiner Ausschnitt aus einem komplexen Netz an Entwicklungen waren.

Der Prozess, der zur finalen Entwicklung der allgemeinen Menschenrechte geführt hatte, stoppte nicht einfach. Er geht kontinuierlich weiter. Jetzt sind wir an dem Punkt angelangt, an dem mit der Erklärung der allgemeinen Erdlingsrechte die nächste Stufe erreicht wird. Auf das Zeitalter der Menschenrechte folgte das Zeitalter der Erdlingsrechte!

Allgemeine Erdlingsrechte:

§1 Alle Lebewesen sind frei und gleich an Würde und Rechten geboren.

§2 Kein Lebewesen darf diskriminiert werden.

§3 Jede:r Erdling hat das Recht auf Leben, Freiheit und Sicherheit.

§4 Kein Lebewesen darf zu Sklavendiensten gezwungen werden.

§5 Kein Lebewesen darf gefoltert werden.

§6 Jede:r Erdling ist rechtsfähig und durch Gesetzte geschützt.

§7 Jede:r Erdling ist vor dem Gesetz gleich.

§8 Jede:r Erdling muss durch die Gerichte geschützt werden.

§9 Kein Erdling darf Willkür ausgesetzt werden oder willkürlich verhaftet werden.

§10 Jedes Lebewesen hat das Recht auf ein faires juristisches Verfahren.

§11 Jede:r Erdling ist unschuldig, solange seine Schuld nicht bewiesen ist.

§12 Jede:r Erdling hat das Recht auf ein geschütztes Privatleben.

§13 Jede:r Erdling besitzt das Recht, sich frei zu bewegen.

§14 Jedes Lebewesen hat das Recht auf Schutz vor Gewalt.

§15 Jedes Lebewesen der Erde hat das Recht, als Erdling anerkannt zu werden.

§16 Jedes Lebewesen hat das Recht, sich frei zu lieben und sich selbstbestimmt im gegenseitigen Einvernehmen zu paaren.

§17 Jede:r Erdling hat das Recht auf sein*/ihr* Eigentum.

§18 Jedes denkfähige Wesen hat das Recht selbstständig und frei zu denken und sich seine eigene Weltanschauung zu wählen.

§19 Jedes denkfähige Wesen hat das Recht seine Meinung frei zu äußern, sowohl im privaten als auch öffentlichen Raum.

§20 Jede:r Erdling besitzt das Recht an Versammlungen teilzunehmen und sich zu organisieren und wird davor geschützt, zur Teilnahme an Versammlungen, Parteien oder Organisationen gezwungen zu werden.

§21 Jede:r bewusst denkfähige Erdling hat das Recht an geheimen, freien und gleichen Wahlen über die Verwaltung des Landes teilzunehmen.

§22 Jedes Lebewesen hat das Recht auf soziale Sicherheit.

§23 Jede:r Erdling hat das Recht sein*/ ihr* lebensnotwendiges zu erwirtschaften oder damit versorgt zu werden.

§24 Jede:r Erdling hat das Recht auf Glück. Dies schließt Spaß, Spiel, Meditation und Freizeit und alle anderen friedlichen Aktivitäten ein, die zu wahrem Glück führen.

§25 Jede:r Erdling hat ein Recht auf Unterkunft, Nahrung und medizinische Versorgung, als auch auf die lebensnotwendige Versorgungen mit den Dingen, die der spezifischen Eigenart seiner Lebensform entsprechen.

§26 Jede:r Erdling hat das Recht auf Bildung oder das Recht auf Förderung und Übungen zur Steigerung der Intelligenz.

§27 Jede:r Erdling hat das Recht seine*/ ihre* Kultur friedlich auszuleben und zu verbreiten.

§28 Jedes Lebewesen hat das Recht auf eine gerechte Gesellschaft und Welt, bzw. auf eine soziale Ordnung, in der die Erdlingsrechte verwirklicht werden.

§29 Jede:r Erdling ist in der Pflicht, ihren*/ seinen* Beitrag für eine gerechte, friedliche und reiche Welt zu leisten.

§30 Die Erdlingsrechte sind unveräußerlich. Solange sie aufgrund technischer oder sozialer Diskrepanzen nicht realisiert werden können, ist jedes bewusst handelnde Lebewesen dazu verpflichtet, daran mitzuarbeiten, dass die Erdlingsrechte voll realisiert werden können.

Vorläufige Erdlingsrechte:

Vorläufige ER sind notwendig, solange es wirtschaftlich, technisch, sozial, wissenschaftlich und politisch noch nicht machbar ist, die endgültigen ER zu garantieren. Vorläufig bedeutet, dass es unter den aktuellen Bedingungen noch nicht möglich ist, die ER vollständig garantieren zu können. Zugleich zeigen die Gesetzgebenden dadurch eindeutig, dass sie den Sinn und hohen moralischen Wert der ER verstanden haben und dass sie danach streben, sie irgendwann in der Zukunft zu ermöglichen.

§1 Jede:r Erdling genießt maximal möglichen Schutz vor Gewalt.

§2 Jedes Lebewesen wird als Lebewesen anerkannt.

§3 Ausbeutung ist verboten.

§4 Jede:r Erdling kann selbst oder durch Dritte das Recht in Anspruch nehmen, seine*/ ihre* Umstände/ Behandlung juristisch prüfen zu lassen.

§5 Freiheit darf nur insoweit eingeschränkt werden, so dass es dem Schutz der/ des Betroffenen oder dem Schutz anderer dient.

§6 Jedes Lebewesen bestimmt selbst, welches seine eigentümliche Lebensart ist, solange dadurch kein anderes Lebewesen geschädigt wird.

§7 Ökonomische Aktivitäten, welche die Gesundheit der Erdlinge oder die Umwelt schädigen, sind verboten, bzw. soweit einzuschränken oder zu verändern, dass die Gesundheit der Erdlinge nicht weiter geschädigt wird.

§8 Alle legislative Entwicklung ist auf den Schutz aller Erdlinge auszurichten, wo dies nicht möglich ist, müssen alle Gesetze explizit als vorläufig gekennzeichnet werden.

§9 Alle gesellschaftlichen Kräfte sind verpflichtet, Zustände und Prozesse zu etablieren und Forschungen zu initiieren, die in zunehmendem Maße die Allgemeinen und/ oder Endgültigen Erdlingsrechte möglich machen.

§10 Der Staat erhält sein Recht als ausführendes Fürsorgeorgan.

Endgültige Erdlingsrechte

Endgültige Erdlingsrechte werden im folgenden in Basale ER und Erweiterte ER unterteilt. Endgültig meint in diesem Zusammenhang, dass alle sozialen, technischen, wirtschaftlichen, politischen, ethischen und juristischen Bedingungen vorhanden sind, um allen Erdlingen die Erdlingsrechte garantieren zu können.

Basale Erdlingsrechte:

§1 Alle Erdlinge haben das Recht auf ein sicheres, geschütztes und freies Leben und genießen durch die Exekutive das Recht auf Schutz vor Gewalt.

§2 Jede:r Erdling ist rechtsfähig.

§3 Unter Berücksichtigung der Umstände und realen Möglichkeiten hat jedes Lebewesen das Recht, sich selbstbestimmt zu entwickeln.

§4 Staatlich administrative Organe sind verpflichtet, den Rechtsschutz für jede:n Erdling zu gewähren.

§5 Wirtschaftliche, wissenschaftliche, technische und militärische Interessen dürfen nicht das Leben und das Wohl der Lebewesen bedrohen.

§6 Die selbstbestimmte, freie, sichere und friedliche Entwicklung eines Erdlings darf nicht eingeschränkt werden.

§7 Jede:r Erdling hat das Recht sich Kraft seiner Fähigkeiten auszudrücken und mitzuteilen.

§8 Staatliche und administrative Organe organisieren die Versorgung jedes Lebewesens.

§9 Beschränkungen der Freiheit sind nur insofern zulässig, falls der/ die/ das Erdling in einem bestimmten Umfeld Gefahr läuft, Schaden zu erleiden oder zu sterben. Verifizierende Prüfungen sind verpflichtend.

§10 Technologien, Verhaltensweisen, Kulturen und Weltanschauungen, die Erdlingen schaden oder zu deren Ermordung führen, sind verboten.

Erweiterte Erdlingsrechte

§1 Jede:r Erdling besitzt das Recht sich frei, friedlich, sicher und selbstbestimmt zu entwickeln.

§2 Die Würde und die Rechte jedes Erdlings sind unveräußerlich.

§3 Jede:r Erdling hat einen Rechtsanspruch auf Fürsorge den eigenen individuellen Charakteristika entsprechend.

§4 Jede:r Erdling hat das Recht auf Frieden, Freiheit und Gerechtigkeit.

§5 Jede:r Erdling hat Anspruch auf eine saubere, nicht-gesundheitsschädliche Umwelt.

§6 Jede:r Erdling besitzt einen Rechtsanspruch darauf, dass alle Verwaltungsbehörden, Ämter und Regierungsorgane aktiv für seinen* Schutz, ihre* Sicherheit und seine* Unversehrtheit tätig sind und dass diese aktiv danach Forschen diesen garantierten Rechtsanspruch weiterhin aufrecht zu erhalten und auszubauen.

§7 Jede:r Erdling unterliegt der Fürsorgepflicht, d.h. die gesellschaftlichen Kräfte der Erde sind dazu verpflichtet, sich um ihr*/ sein*/ deren* Wohl zu kümmern.

§8 Alle Institutionen ordnen sich den Maximen der Erdlingsrechte unter, um den Schutz, die Sicherheit, die Unversehrtheit, den Frieden, die Freiheit und das Wohlbefinden jedes Erdlings zu gewährleisten.

§9 Alle Erdling besitzen den Rechtsanspruch darauf, dass staatliche und administrative Organe ständig an der Verbesserung ihrer Situation und Umstände arbeiten.

§10 Jede:r Erdling hat Anspruch auf eine Welt, die ihn dauerhaft vor Gewalt, Folter, Missbrauch und Ausbeutung schützt und ihm*/ ihr* ganzheitliches Wohlbefinden garantiert.

§11 Jede:r Erdling besitzt den Anspruch und das Recht auf Gesellschaftsstrukturen, die keine Form oder Varianten von Diskriminierungen (wie Rassismus, Speziesismus, Ageismus, Sexismus, Ableismus, Fundamentalismus etc.) hervorbringen.

§12 Jede:r Erdling hat Recht auf Gesundheit, bzw. Recht auf den Schutz seiner*/ ihrer* Gesundheit.

§13 Schutz- und Fürsorgerechte gelten unabhängig spezifischer Besonderheiten wie Spezies, Geschlecht, Unterart, Reichtum, Wohnort oder Alter.

§14 Jede:r Erdling hat das Recht auf einen spezifisch ausgearbeiteten Gesetzeskatalog seiner*/ ihrer* Spezies entsprechenden Charakteristika.

§15 Jede:r Erdling ist verpflichtet zum Wohl der Erde zu handeln.

§16 Alle Kulturen sind verpflichtet, sich zum größtmöglichen Wohl aller Erdlinge zu entwickeln.

§17 Kein Erdling darf Güter, Dinge, Techniken, Regeln und Gesetze einsetzen, um anderen Erdlingen zu schaden.

§18 Alle Technik muss dem Nutzen und Vorteil der Erdlinge dienen und nicht ihrem Schaden oder Nachteil.

§19 Jede:r Erdling hat das Recht auf Spaß, Freizeit und Erholung.

§20 Der einzelne Erdling muss vor dem Druck und Zwang einer größeren Gruppe geschützt werden, um ihre*/ seine* selbstbestimmte, freie und friedliche Entwicklung zu schützen.

§21 Für jede:n Erdling muss der Rahmen geschaffen werden, um sich ausdrücken zu können, dies bezieht sich auf den Ausdruck von Meinungen, inneren Zuständen, Mitteilungen und Bewusstseinsregungen.

§22 Die freie Meinung und die Entwicklung einer eigenen Meinung, bzw. Sichtweise jedes Erdlings muss geschützt werden. Jede Meinung eines Erdlings ist zulässig, solange dadurch andere Erdlinge nicht geschädigt werden. Für bewusst denkfähige Erdlinge bezieht sich dies auch explizit auf das freie, geheime und gleiche Wahlrecht.

§23 Die Privatsphäre ist geschützt. Das betrifft den individuellen Bereich eines Erdlings und bezieht sich auch auf persönliche Mitteilungen, egal ob analog, digital etc.

§24 Jede:r Erdling darf bewusst und selbstbestimmt im gegenseitigen Einvernehmen jede:n anderen Erdling lieben, solange kein Missbrauch oder Manipulation den Aspekt der freien Liebe stört.

§25 Staaten, Verwaltungsdistrikte, Ämter oder Regierungsorgane haben zum Aufrechterhalten der Werte der ER, und zur Fürsorge und zum Schutz der Erdlinge, das Recht Erdlinge zur Mithilfe zu verpflichten.

§26 Die Erde als Heimat der Erdlinge zu schützen entsprechend seiner*/ ihrer*/ deren* Fähigkeiten und Möglichkeiten ist Pflicht jedes Erdlings.

§27 Neugeborene Erdlinge genießen besonderen Schutz und Fürsorge.

§28 Zukünftige Erdlingsgenerationen haben einen Rechtsanspruch auf eine heile, friedliche, freie und gesunde Erde. Dies verpflichtet alle lebenden Erdlinge.

§29 Alle gesellschaftlichen Kräfte und jede:r einzelne Erdling sind verpflichtet, die freundschaftlichen und friedlichen Bande zwischen allen Erdlingen zu stärken.

§30 Das Streben nach Glück ist das Recht jedes Erdlings.